优秀班集体的建设与维护

BANJI HUODONG
GUANLI CONGSHU

本书编写组◎编

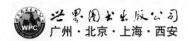

世界图书出版公司
广州·北京·上海·西安

图书在版编目（CIP）数据

优秀班集体的建设与维护/《优秀班集体的建设与维护》编写组编 . —广州：世界图书出版广东有限公司，2010 . 11（2024.2 重印）

ISBN 978 - 7 - 5100 - 2993 - 6

Ⅰ . ①优… Ⅱ . ①优… Ⅲ . ①中小学－班级－学校管理 Ⅳ . ①G637

中国版本图书馆 CIP 数据核字（2010）第 217524 号

书　　名	优秀班集体的建设与维护
	YOU XIU BAN JI TI DE JIAN SHE YU WEI HU
编　　者	《优秀班集体的建设与维护》编写组
责任编辑	康琬娟
装帧设计	三棵树设计工作组
出版发行	世界图书出版有限公司　世界图书出版广东有限公司
地　　址	广州市海珠区新港西路大江冲 25 号
邮　　编	510300
电　　话	020-84452179
网　　址	http://www.gdst.com.cn
邮　　箱	wpc_gdst@163.com
经　　销	新华书店
印　　刷	唐山富达印务有限公司
开　　本	787mm×1092mm　1/16
印　　张	11.75
字　　数	160 千字
版　　次	2010 年 11 月第 1 版　2024 年 2 月第 4 次印刷
国际书号	ISBN　978-7-5100-2993-6
定　　价	59.80 元

"班级活动管理"丛书编委会

主　编

王利群　　解放军装甲兵工程学院心理学教授
周作宇　　北京师范大学教授、教育学部部长

编　委

马世晔　　中华人民共和国教育部考试中心
李功毅　　《中国教育报》副总编
王增昌　　《中国教育报》高级编辑
殷小川　　首都体育学院心理教研室教授
张彦杰　　北京市教育考试院
魏　红　　北京师范大学教务处
刘永明　　北京师范大学继续教育与教师培训学院 副研究员
刘艳茹　　北京市顺义区教育研究考试中心，中学高级教师
刘维良　　北京教育学院教育学教授
杨树山　　中国教师研修网执行总编
肖海雁　　山西大同大学心理系主任，教授
张兴成　　西南大学（原西南师范大学）副教授
南秀全　　湖北黄冈特级教师
于　始　　北京光辉书苑教育中心研究员

序　言

　　班级是学校为实现一定的教育的目的，将年龄相同、文化程度大体相同的学生按一定的人数规模建立起来的教育组织。班级不仅是学生接受知识教育的资源、也是学生社会化的资源、学生进行自我教育的资源。整个学校教育功能的发挥主要是在班级活动中实现的，一个班级的集体意识主要是在班级活动中形成的，每位学生自身的潜能同时也可以借助各种各样的班级活动得到挖掘与施展。

　　班级管理是一种有目的、有计划、有步骤的社会活动，这一活动的根本目的是实现当代教育目标，使学生个体得到充分、全面的发展。它需要广大教师朋友们根据一定的目的要求，采用一定的手段措施，带领全班学生，对班级中的各种资源进行计划、组织、协调、控制。班级活动状况直接关系到学生的学习效果，间接影响到学生的生活情趣，同时它对评估教师的教学质量也有一定的影响。

　　班级管理是一个相互协作、彼此互动的过程，也是一个动态发展、不断创新的过程。因此，只有参与班级活动的各个成员积极拿出激情，教师的管理、班干部的协助与班级各成员主动配合，管理者与被管理者大胆尝试、开拓创新，班级活动才能顺利地开展，班级管理才能有效地实施。因此，如何搞好班级管理，开展什么样的班级活动，应该是值得每一位学校、每一位老师，尤其是班主任老师们仔细考虑的。

　　本套丛书以促进学生各项潜能全面、协调发展，促进教师的教学事业的开展为基本出发点，采用基本理论与具体案例相结合的编写形式，分板块、有层次地对班级活动管理进行了归纳与探讨。我们参考了广大教育工作者在班级活动管理中的经验，引述了与此相关的成体系的、并得到教育界普遍认可的理论，借鉴了各地区、各学校成功开展班级活动的优秀案例，理论与实践相结合，抽象与具体相结合，以期为教师朋友们提供一套班级活动行动指南，并在此基础上帮助教师朋友们做好教学工作、搞好班级管理。

其中，《班级活动与班级体教育》阐明了班级管理的专业地位，对班级的教育问题进行了探究；《班级活动的设计与实施》从宏观上介绍了种类繁多、形式各异的班级活动；《如何创造性地开展班级活动》探讨了在新的时代形势、新的教育背景下开展班级活动的创新之途；《优秀班集体的建设与维护》从微观上提出了积极建设优秀班集体，努力维护和谐班集体的观点与建议；《班级活动游戏宝典》专门性地对多种班级游戏做了归纳与分类，针对性地提出了关于班级游戏的参考意见；《主题班会活动设计》五卷则对班会这一最普通、最常见的班级活动进行了细致的划分与专题性探讨，在形式上统一采用"班会目的 + 班会准备 + 班会过程"的基本编写模式，异中趋同，同中有异。

这套丛书将有助于教师朋友们拓展视野、打开思路，但班级活动管理是否能落到实处，实施中能否得到理想的效果，还是要通过实践的尝试与检验的。诚然，在具体的实施过程中，不可避免还会出现意料之外的种种困难，这就需要我们的教师朋友们具体问题具体分析，在参照我们的理论建议与案例参考的同时，立足自己的实际情况，因时而异做出适当调整。

总而言之，班级活动管理是一项长期的、有意义的任务，在大力提倡素质教育的今天，它又是时代对新课程教育提出的新要求、新考验。虽然在实施的过程中会遇到接踵而至的困难，但我们相信，只要学校加强重视，教师不辍尝试，孩子们终会得到一次又一次有意义的班级活动的，这些未来的建设者们也会在这一次又一次的参与中锻炼能力、收获新知的。

前进路上，我们与你携手并进！

前　言

　　班级是现代学校制度的产物，是一定年龄阶段、发展水平相当的一群学生组成的学校教育教学基本组织形式。班级工作是学校工作的基本组成部分。班级的教育、教学质量直接影响学校的办学水平。

　　班级的出现产生了对班级管理者的需要。既然教学不再是一对一地进行，教师不再是面对个别或少数学生开展教学活动，教师的工作任务也就发生了相应变化，这对教师的角色定位也提出了新的要求，从而产生了以班级为教育对象的管理者——班主任。只要以班级授课制的组织形式开展教育活动，就必须有班主任这一工作。

　　在我国的教育组织中，班主任已经成为各级各类学校教育必不可少的组成部分。从幼儿园到大学，从普通学校到职业学校，普遍设立了班主任这一工作岗位，形成了与各级各类学校教育相应的班主任工作体系，并且逐步向专业化的方向发展。

　　在一般意义上，我们把"班级"等同于"班集体"，但事实上二者是有着很大的区别的。班集体是由集体成员、教育教学过程、班级综合而成的一个微观的特殊的社会教育环境。它不同于传统意义上的班级。班级是学校教育、教学活动的基本组织形式，它是一个松散的组织。优秀的班集体通常具有以下特征：一是学生有较强烈的学习动机，并表现出较高的学习效率；二是学生愿意接受教育教学目标，并能按质、按量、按期完成或超额完成；三是学生心情舒畅、精神饱满、较少有不安、焦虑与挫折现象，而是充满信心和力量；四是学生同校领导、教师和同学间有良好的沟通联系；五是学生间能同心协力，有高度的相互作用影响，成为一个安定、团结的整体；六是学生能积极参加集体管理，充分发挥每个人的聪明才智，群策群力。优良的班集体不是自发形成的，而是经过班主任的精心培养并为之付出大量的劳动后形成的。

把班级建设成为班集体，让班集体发挥自我教育功能，是班主任工作的基本内容。同时，需要认识清楚的是，优秀班集体的建设与维护，是一项艰巨的系统工程。优秀班集体的建设与维护，既要有宏观的目标设计，又要有微观的策略推进；既要有刚性的制度保障，又要有柔性的精神渗透；既要进行主导价值观念的引领，又要尊重多元文化形态的价值；既要发挥学生干部的骨干作用，又要激励全体学生参与集体建设；同时，优秀的班集体通常也是能够有效开展班级活动，班集体生活建设有序，并做好班集体建设评价工作的集体组织。这些要求，都需要班主任和各级教育工作者拥有较高的素质才能胜任，本书的编写目的，就是提供这方面的知识和经验，供相关人员参考。

编　者

目 录

第一章
班级发展的高级组织形式——班集体

　　班集体不同于班级。班级是学校依据一定的编班原则，把年龄相近的学生分割而成的小小的聚合体。班集体则是班级发展的高级组织形式，它是以集体主义思想为导向，在以班主任为核心的班级教师集体的共同努力下形成的，具有共同的奋斗目标，健全的组织领导核心，严格的纪律和制度，正确的舆论导向，勤奋好学、积极向上的优良班风，团结友爱、和谐融洽的人际关系，丰富多彩的班级活动，能够促使班级全体成员素质不断提高的高级班级群体。

　　一个优秀的班集体，就是一个能够很好地发挥集体作用，让学生、教师在集体中各有教益，实现自我成长和价值的平台。

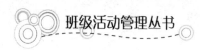

第一节　班集体的三个阶段

一个由几十名学生组成的班级,从刚刚组建到班集体的形成,其中不仅凝聚了全体师生、家长的辛勤汗水,更预示着一个有利于学生全面健康成长的坚强集体的诞生。由最初的互不相识到彼此相知、情同手足,由原来的各行其是,到团结一心,形成班兴我荣、班衰我耻的荣辱感。班级从小到大,从弱到强,经历一个由量变到质变的过程。这个过程不是班级成员的增加,也不是活动的频繁和组织数量的增多,而是全体成员整体素质的提高、班级凝聚力的增强、良好班风和人际关系的形成。

一个真正的班集体,有明确的奋斗目标,健全的组织系统,严格的规章制度与纪律,强有力的领导核心,正确的舆论和优良的作风与传统。它能正常发挥其整体功能,有计划地开展各种教育活动,不断总结经验,使集体不断自我提高、自我完善和不断前进。不是任何一个班都能称得上班集体。

班集体的形成和发展是一个复杂的过程。了解和把握班集体的形成和发展阶段,对于促进班集体建设具有重要的指导意义。一个良好班集体的形成发展大致可分为以下三个阶段:

一、班集体组建阶段

班主任刚接手新班级,首先考虑和进行的工作是如何把全班学生组织起来。几十个学生来自不同的家庭,情况各异,学习环境也发生了变

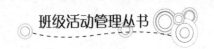

换，同学之间、师生之间都是陌生的，彼此都需要了解，需要建立情感联系。这时，学生干部需要班主任临时指定，一切要求均由班主任提出，并督促全班学生去完成。这一阶段是班主任最繁忙的时期，也即松散群体阶段。

这个阶段，班主任需要一方面抓紧时间全面了解学生，寻找、选择积极分子并加以培养；另一方面向全班学生提出明确、切实可行的要求，让积极分子响应与支持，指导学生开展丰富多彩的活动，为学生提供交往的机会，促进学生相互了解，逐步提高班集体的吸引力，为下一步工作打好基础。这一阶段主要由班主任引导班级前进。

二、班集体形成阶段

经过数周的了解之后，哪些学生可以成为班干部，哪些学生是班级中的积极分子，班主任已心中有数。经过前一阶段开展的班级活动，学生在交往中也开始相互熟悉，产生感情，各种人际关系初步形成，崭露头角的积极分子也在同学中具有了一定的威信。这时，班级骨干力量已较明显，班干部人选可以确定了。

在班主任的指导下，通过民主选举评议，将一些有号召力而又热心于为集体服务的学生选入班委会，班集体核心初步形成。班级的凝聚力较前一阶段增强，正确的舆论逐渐占上风，但班级的奋斗目标与行为规范尚未完全变成学生自觉的行为动机，教育要求仍是外因在起主要作用，班集体的教育能力处于初级阶段。这一阶段也称联合群体阶段。

在这一阶段，一方面，班主任应加强对班干部的教育、指导，给他们提建议、教方法，逐步从直接指挥班级活动状态中解脱出来，让班干部自己来组织开展班级工作，开展集体活动。使他们逐渐懂得自己是集体的代表，有权力、有责任引导全班同学维护集体利益，遵守班级的各项规章制度；自己要以身作则，努力成为全班同学的榜样。另一方面，班主任应继续发现积极分子，帮助班干部把这些人团结到班委会周围，

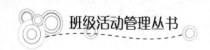
以扩大班级的骨干力量。通过实践，班委会在同学中的威信逐步提高，各种教育功能开始发挥，班委会就能有效地协助班主任引导班级前进。

三、班集体发展阶段

班级从联合群体发展为班集体，是一个质的飞跃过程。这个阶段的主要特征是：（1）以集体主义价值导向为集体中的每一个成员设计个性发展的蓝图，要使班级中的每一个人都能在共同目标中寻找到自己独特的坐标，抬起头来走路。（2）每个学生都能在集体活动中开拓自己独特的领域，并在某一方面积极表现自己的个性和才能。（3）集体中的每个成员都能在班级中获得满意的地位，扮演成功的角色。（4）每个学生愿意积极承担集体工作，认真参加班级各项活动，争当积极分子。（5）集体的目标、规范、价值标准作为个体的行动指南，成为努力照办的准则，集体中的每个成员都能在集体期望的背景上对自己提出自我教育的要求和习惯。（6）整个班级洋溢着一种平等、和谐、上进和合作的心理气氛，优良班级个性已经形成。

总之，在集体中发展个性、集体与个性的和谐发展是班集体建设的高级阶段。这个阶段，班主任要提出更高层次的班集体目标，进一步提高班干部的素质，扩大积极分子队伍，提高各项活动的质量，充分发展学生的个性特长。

第二节 班集体的建设任务

在班集体建设中，培养有明确的奋斗目标，有和谐、凝聚、向上的人际关系，有健康的集体舆论和自觉的纪律意识的班集体，应是班主任完成的基本任务。那么，怎样才能实现建构这样班集体的愿望呢？前苏联教育家马卡连柯倾其一生教育实践总结出的"通过集体，在集体中进行教育"这一著名的教育原则，可视为学校、班级建设的指导性理论，对班主任培养班集体具有建设性的指导意义。

班主任必须理智地意识到，并非所有的班级都能成为集体。由松散群体到班集体所需的时间，也是无法确定的。从某种意义上说，优秀班集体形成需要的时间，几乎完全依赖于班主任的努力。除了强烈的事业心和优良的工作作风以外，班主任还要注意以下几点：

一、集体主义教育是班集体形成的基础

要形成优秀的班集体，必须对学生进行集体主义思想教育，培养他们的集体荣誉感，使每个学生都自觉地关心集体、热爱集体，把自己的一言一行与集体荣誉联系起来，为集体作贡献。

班集体就是建立在集体主义精神基础之上的，集体主义精神是中小学班集体建设的灵魂。集体主义是一切以集体利益为根本出发点的思想，体现着个人利益和集体利益的辩证统一。集体主义教育入耳、入脑、入心的路径应从大处着眼，小处着手，抓住每一个可能给集体带来荣誉或耻辱的机会进行及时教育。

事实上，在班主任非常注意对某些行动作评价的班级里，集体向心力的形成就会早些、好些。优秀的班主任总能提醒自己，对涉及集体利益、观念的情境须特别留心，并毫不迟疑地做出反应。一个集体荣誉意识浓厚的班级会在班主任的积极作用下，建立起以集体为准则的是非观。当学生评判他人的行为时，会自觉地把他的行为给集体带来的正面或是负面的影响作为评价标准，这可以被认作缩短班集体发展阶段时间值的关键。

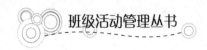

二、科学管理是班集体形成的关键

班集体的形成一靠教育，二靠管理。科学管理不仅有约束的含义，更有调动每个学生积极性、期待他们健康成长的含义。

班主任的管理方式是民主型、专制型还是放任型的，直接影响着班集体能否顺利形成。有人在勒温指导下曾做过一个经典实验：研究者精心设计了两种社会心理气氛，让10岁儿童分别参加两个俱乐部做戏剧面具。一个俱乐部的领导者扮演独断独行的专制主义者领导角色，另一个俱乐部的领导者以民主型的方式进行领导。实验结果证明，民主型的管理方式明显优于专制型的管理方式。

民主型的管理方式把管理建立在尊重学生的基础之上，让每个学生都成为班集体建设的主人。管理者和被管理者在人格上是平等的，师生关系亲密无间。民主型的管理还包含相信学生的原则，不是什么事情都包办代替，而是根据班集体形成的各个不同阶段，根据中小学生身心发展不同的水平，逐步采取"扶着走"、"半放手"到"放开手"，自己则从演员角色转换为导演角色，让学生实现自我管理。总之，管理既要有效地发挥教师的主导作用，又要十分重视学生的主体作用。

三、开展活动是班集体形成的途径

集体主义思想、正确的班级舆论、良好的班级风气不是自发产生的，班集体不是在静态中形成的，丰富多彩的集体活动是中小学生接受集体主义思想教育和班集体形成与发展的主要途径。

1. 通过开展活动强化集体主义教育

一个班集体能够把几十个互不熟识、个性各异的学生个体联合成一个有机整体，并且产生强大的合力，靠的是什么呢？其重要的载体便是集体活动，在集体活动中培养班级的集体主义精神。

集体主义精神以其强大的凝聚力，把个体思想情感和目标凝聚为集体共同的思想情感和目标，从而强有力地支撑起班集体这座大厦。集体主义精神并不是固有的，也不是虚无的，它是可以培养的。关键是要在集体活动中有效地进行集体主义思想教育，培养学生的集体意识和集体荣誉感。要让每一个学生都懂得什么是集体，懂得个人与集体的关系，正确认识自己在集体中的位置和作用，认清自己对集体的责任和义务，从而自觉地关心集体、爱护集体，并把自己的言行与集体荣誉联系起来，把个体融入集体之中，最终把集体目标内化为个体目标。而这一切，都离不开班集体活动的催化。

2. 通过开展活动形成正确的集体舆论导向

正确的舆论是班集体不成文的行为规范，是学生自我教育的手段，也是形成和发展班集体的巨大力量。班集体舆论对学生的影响，往往比班主任个人的力量大得多，有效得多。经常看到这种现象：犯错误的学生并不怕班主任的批评，却最怕集体舆论的谴责。这说明学生对其他同学的评价是十分看重的。

正确的集体舆论占据了优势，就可以战胜不健康的舆论，打倒歪风邪气，错误的言行就站不住脚。培养正确的集体舆论，坚持集体舆论导向，班主任就会赢得工作的主动权，就会事半功倍。反之，则会给班集体工作造成极大的困难，使班级难以形成集体，甚至会成为乱班、差班。坚持集体舆论导向是班集体形成的重要标志之一，而这一切也都离不开班级的集体活动。

3. 通过开展活动培养班集体的良好风气

班主任在坚持集体舆论导向时，要特别重视培养优良的班风。因为班风是一个班集体的整体风气，它是一个班集体中大多数人的思想觉悟、道德品质、意志情感、精神状态的一种共同表现倾向。

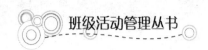

班风发端于舆论的形成。班集体的舆论持久地发生作用，就会形成这个班的班风。当然班风的形成同样需要班主任较长时间的教育和培养。优良的班风是一种无形的教育力量，可以潜移默化地影响全班学生的思想行为，对巩固和发展班集体起着重要作用，而这一切也都离不开班级的集体活动。

第三节　班集体对学生的影响

班集体既是教育的对象和目的，又是教育的力量和手段。良好的班集体是学生全面和谐发展的熔炉，对于培养学生集体主义思想、陶冶爱国主义情感、形成优良道德品质、增强自我教育能力和发展个性心理品质都具有极其重要的意义。从某种意义上说，离开班集体，学生的全面发展就失去了依托。

班集体作为一个良好的微观社会环境，是社会与学生交互作用的中介，必然会对学生的成长产生直接而巨大的影响作用，具有教育功能、社会化功能、个性化功能和组织功能。

一、教育功能

前苏联教育家马卡连柯很重视集体教育的力量，提出了平行教育原则。他指出："教育了集体、团结了集体、加强了集体，以后集体自身就成为很大的教育力量。"因此，班集体一经形成，就成为教育的主体，蕴涵着巨大的教育潜能。

班集体的教育功能具有以下特点：（1）班集体作为一个独特的教

育影响源，是社会影响和教师影响的折射；（2）班集体有利于促进学生知识的学习和智能的发展。按照学习的集体性原则，充分发挥课堂教学活动中人际交往、协作、竞争等社会心理因素的教育潜能，会极大地影响学生的学习效能；（3）只有在集体教育和集体活动的背景中，教师才有可能在更大范围和多种活动中，充分运用多种教育因素，构成教育方法的系统，积极地给学生施以深刻的影响；（4）班集体对个人的教育影响是通过模仿、感染、暗示、从众、认同等社会心理机制实现的，具有潜移默化的特征；（5）班集体是一个以儿童、青少年为主体的亚文化群。由于同辈文化为儿童、青少年提供了一种新的价值观与准则，并提供了作为一个独立自主的人参与活动、交往的社会情境和角色体验，所以，班集体建设不仅是一个以正式课程为媒体的教育过程，而且也是一个以学生文化为媒体的自我教育过程。

二、社会化功能

班集体是一个高度组织化的学生集体，其目标、机构、规范等都是宏观社会环境的折射和反映。班集体沟通了学生与宏观社会环境的联系，又置身于家庭、社区、校外同辈群体、大众媒介等多重社会化机构之中，因此，一方面，它为学生的社会化提供了一个有目的、有计划、定向可控的良好的微观社会环境，可以说班集体是学生认识社会、学做社会人的重要途径；另一方面，它又具有调控社会、家庭、学校多重教育影响的独特功能。

三、个性化功能

马克思曾说过："只有在集体中，个人才能获得全面发展其才能的手段，也就是说，只有在集体中才可能有个人自由。"班集体是满足个人需要的场所。学生都有表现自己的欲望、获得集体承认的愿望和在集

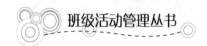

体中取得一定地位的要求。

班集体内角色的多样性和活动的广泛性为学生个性和才能的发展提供了广阔的舞台。每一个学生根据各自的兴趣、爱好和特长以及班集体的需要，都能在集体中找到一个适合自己活动和工作的角色与位置，并在集体的要求和鼓励下，使自己的兴趣、爱好和自我管理能力等在实践中不断得到锻炼和发展。

四、组织功能

班集体是为了教育目的而专门组织起来的教育集体。它既是学校的基层教育组织，又是学生集体学习、劳动、游戏等社会活动的基本组织形式。研究表明，班集体在教育过程中的组织功能主要表现在：（1）集体目标在组织共同活动中的指向、激励作用。（2）人际关系在组织共同活动中的沟通和凝聚功能。（3）集体的规范作为统合集体中个体行为的规则，在组织共同活动和校正人际关系中，具有调控功能。

第四节　班集体对学生的关怀

学生是一个完整的生命体，教育的本质实际上是一种"全人"的教育。教育过程中，人不仅有认知，还有情感、态度和信念。注重生命发展的教育是让学生的认知、情感、态度与价值观等都参与到学习、生活中来，使学生在认知的同时感受和理解知识的内在意义，获得精神的丰富和完整生命的成长。

学生是一个完整的生命体，他们不仅要学习文化知识，还要学习道

德成长，接受体育、美育，学习全人类一切有用的知识。教育应该肩负起使受教育者成为一个"历史"的人、一个"现代社会"的人、一个"未来"的人的责任。

这样的教育应该赋予一个人在社会上的生存能力，应该赋予其人文观，让他了解传统和历史，体验人生的意义和价值；赋予其道德观，让他了解伦理道德，并努力践行之；还要赋予其知识观，让他正确掌握人类有用的知识，促进个体能力的增长。

学会思考，培养思维能力，是打开智慧大门的金钥匙。教育应该教会学生进行思考，进行辩证而富于创造性的思考。总之，学生作为生命体，绝不是一架只会学习的机器，或者只是一个装知识的容器，而是一个有着广泛的需求、需要全面发展的人。这就要求班主任克服只重知识学习、忽略全面发展的狭隘思想。

联合国教科文组织于 1996 年曾提出人的发展的四大支柱，即学会认知、学会做事、学会与人相处、学会发展。学校教育要教育学生能够正确对待自然，正确对待环境，正确对待社会，正确对待他人，正确对待自己。

班主任要想坚持德、智、体全面发展的教育方针，坚持"一切为了学生的发展"的素质教育理念，把学生视为一个完整的人，把学生培养成一个完整的人，就要正确对待分数和名次。在有些学校领导看来，分数是学校的"源头活水"，没有高的分数就没有好的生源，没有好的生源就没有优质的教育，把优质教育等同于高分。甚至于把"生源"和"财源"挂起钩来。有分数就必须排名次，非此难显优劣高低，非此难以"奖勤罚懒"，非此不会有"比学赶超"的喜人局面。于是，有单科名次、总分名次、班级名次、年级名次，等等。这样的学校领导往往"目中无人"，认"分"不认人；这样的领导常常以名次实施奖励和惩罚，教师的"命运"常常随着学生的"分数"和班级的"名次"的起伏而浮沉。

要提高分数、争取好的名次首先要有时间保证，因为时间就是分

第一章　班级发展的高级组织形式——班集体

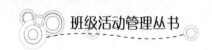

数、就是名次。这样导致学生的学习时间过长、考试过频、作业过多，久而久之，学生对于生活和学习除了厌烦、疲倦甚至恐惧之外，还会有什么？

因此，班主任老师要充分认识到这一点，不能以牺牲学生的幸福为代价换取班级的分数和名次。我们要还学生以一定的时间、一定的自由，使其得以展示其活泼的天性，释放其青春的热情，矫正其不良的习惯；让学生始终拥有一股饱满的热情，一份充沛的精力和一种进取的心态；进而引导学生自主能动地学习，以期收到事半功倍的教育效果。

班集体是学生共同生活与共同活动的准社会组织，是学生个性、品德发展和培养创造精神、实践能力的精神家园。因此，班主任在班集体建设中，不仅要关心学生的文化学习，而且要关注学生的品德发展，要成为学生的精神关怀者。

哲学家雅斯贝尔斯认为，"教育过程首先是一个精神成长过程"。班主任教育劳动的主要目的是育人，教育劳动的主要内容是关怀学生的精神生活、促进学生的精神成长。"精神关怀者"的角色很贴切地表达了班主任的劳动性质。对学生的"精神关怀"是以人为本教育的本质规定，是教育人性化的重要体现。它准确地反映了班主任教育劳动的性质：班主任所从事的是以心育心、以德育德、以人格育人格的精神劳动；班主任应具有对学生充满关怀、爱护的感情，以精神关怀培养学生的关怀精神。所以，"精神关怀者"体现了班主任教育劳动的性质和特点。

精神关怀是班主任的首要任务和根本任务。班主任要全面地关心学生，但是以对学生的精神关怀为核心。每一位教师都应当关怀学生的精神生活，但班主任是学生的主要精神关怀者。从制度规定的班主任的职责说，班主任尤其要给学生以精神关怀。学生精神生活的丰富，生命价值的实现，永葆生命的活力，需要班主任深切地去关怀、去引导。

精神关怀主要是关怀学生的心理生活、道德情操、审美情趣等方面及其成长与发展，即关怀他们的精神生活质量和精神成长；关怀他们当

下精神生活状况和他们未来的精神发展。班主任的精神关怀从纵向上讲，包含着对学生的现实关怀和终极关怀两个维度。

学生在学校学习、完成"社会化"的过程，为进入社会拓宽生存和发展的空间。班主任对学生的现实关怀是指，班主任切实转变教育观念和教育态度，对待学生要从对待物的方式转到对待人的方式。学生不是盛知识的容器，也不是盛美德的口袋，学生是精神主体、情感的主体，对学生要以对待有思想、有感情的人的方式，给予真切的关心。

班主任不仅要关心学生的学习成绩，关心他们的生活状况，更要关心他们的内心世界，关心他们的情感、情绪，关心他们的精神生活，注重培养他们的学习能力、社会适应能力和自主创新能力。

终极关怀是对现实关怀的超越和升华。作为"精神关怀者"的班主任，应当从对学生现实关怀延伸到对学生的终极关怀。终极关怀的基本含义就是强调人应该具有完美的人格、高尚的心灵，应有理想、有信念、有信仰，能够真正地超越一切世俗功利的束缚，达到真善美的崇高人生境界。

班主任不仅要关心学生当前的精神生活、当前的心灵自由、当前的精神生活质量；而且要关心学生未来的发展，关心他们的升学、择业，思考什么样的生活道路更适合他们，注重学生终身的发展。

班主任的精神关怀从横向上讲，体现在生命关怀和人文关怀两个方面。

敬畏生命是精神关怀的伦理起点。关怀学生的核心是对学生生命的关注。关怀生命以提升个体的生命质量为宗旨，服务于个体的生命成长和发展，关注个体生命存在的价值，真正做到一切为了学生，为了一切学生，为了学生的一切。生命是生活的基础，生活是生命的显现，离开生活的生命关怀是苍白无力的。

关怀生命就应当关注生活，关怀生命就应当关心学生的幸福。为学生的终身幸福服务，是教育的崇高使命和终极目的。著名教育家乌申斯基说得好："教育的主要目的在于使学生获得幸福，不能为任何不相干

第一章 班级发展的高级组织形式——班集体

的利益而牺牲这种幸福，这一点当然是毋庸置疑的。"只有真正做到关怀生命、关注生活，提升学生的生命、生活质量，班主任才能增加亲和力，富有感染力。

人文关怀立足于人自尊、独立、自由的个性，关注人的生存和发展，旨在提高人的生活质量，提升人生的意义和价值。人文关怀就是关注一切人，关注人的一切。

班主任对学生的人文关怀，就是要坚持以学生为本，以学生的发展为本；尊重学生的情感需要，立足于学生是一个知、情、意、行并重的生命个体，把学生培养成为一个思想完善、体格健全的人。从感性的层次来说，就是培养学生对他人的理解、尊重、爱护和容纳；从理性的层次来说，就是培养学生如何处理自己与社会以及环境之间的关系。

第五节　班集体是学生的精神家园

班主任对学生的精神关怀，包括的范围和方面很广，而关心、理解、尊重和信任是其基本表现，也是学生基本的精神需求和班主任专业劳动的基本内容。学会关心、理解、尊重和信任学生，是创建优秀班集体的必然要求。

一、尊重学生

美国发展心理学家霍华德·加德纳认为，"道德中最重要的两个概念是尊重和公正。"在现代社会的交往关系中，尊重更多地强调民主与平等。美国心理学家马斯洛的需要层次理论认为，"尊重是人类较高层次的需要，是最接近自我实现的需要层次。"在人类高度文明的今天，"尊重"也越来越成为人们关注的焦点。

教育实践表明，学生在基本的生存需要得到满足以后，最渴求的需要就是被尊重，他们希望得到家长、班主任、学校、社会的认可和肯定。这种需要如果引导得当，就有可能转化为学生努力学习和发展的内在动力。

尊重学生是一切教育活动的前提和基础。尊重学生的人格，关注学生个体的差异，满足不同学生的学习需要，应成为班主任教育的起点。班主任尊重学生，就要求班主任小心地呵护学生的自尊心；尊重学生，就要求班主任把学生当"人"看，让他们发现"真我"的感觉；尊重学生，就要求教师学会"蹲下来"说话；尊重学生，就要求班主任学会宽容，具有海纳百川的胸怀。只有这样，师生交往才会充满温馨和人情，洋溢人文精神的芬芳，才能使学生感受到做人的尊严，享受被尊重的快乐。当然，尊重学生不意味着放任自流，而是严爱有度，以严导其行，以爱动其情；是严在当严处，爱在细微中。

二、信任学生

渴望得到别人的信任，是人的重要需求，学生喜欢班主任真诚地对待自己，讨厌班主任动不动就怀疑学生。只有信任，才能坦诚。信任能增生爱，能培养学生对班主任的信任。对人表示尊重和信任的实质，是对其品德、才华、能力的承认，是对其存在价值和意义的肯定，是该个体向着自我实现奋进的力量源泉。一个人如果能够得到别人的尊重和信任，就会增强前进的信心，获得前进的动力，从而自觉地向着更高的目标发展。

班主任相信自己的学生渴望新知、天天向上的需要，是处理好师生关系、教育好学生、促进学生发展不可少的条件。因此，信任学生是班主任对学生应有的态度，是专业化班主任必须具备的品质。

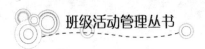

三、理解学生

对人的理解，主要指对人的心灵世界的理解，即从心理上体验他人心理、精神需求等。理解是以人的方式把握人，与对物的认知有根本的不同。因此，理解就是对人的生命的把握。理解是双向的。教育的成功，不能没有理解。理解学生要求班主任把学生当成"社会人"来看待，而不仅仅是教育对象。只有忘记了自己是"高高在上的"教育者，班主任才会得到学生们的喜欢，学生才愿意敞开心扉，向班主任倾诉心中的秘密。要乐于、善于和学生交朋友，尽力使自己与学生心灵相通。

理解学生要求班主任善待学生的选择。在众多价值观面前，选择彰显了人的主体性、自由意志以及本质追求。任何人的选择都是有理由的选择，是建立在自己的某种思维意识或观念上，对生活理解的一种表达，带有某种思想倾向。这就需要我们在理解学生道德行为时，注意分析他们做出各种选择的原因和背景，并将这些选择放回到它所存在的环境中去思考，以求得准确的理解。

四、关心学生

关心理论的代表人物诺丁斯认为，"关心和被关心是人类的基本需要，关心既是人对其他生命所表现的同情态度，也是人在做任何事情时严肃的考虑。"我们每时每刻都生活在关心之中，它是生命最真实的存在。关心包括为他人的幸福操心的关爱、对牵涉自己与他人生活的社会事件的理性关切、恢复同自然界的和谐关系以及同他者人生之亲和的关联。人的关心品质的发展，使其社会属性增强，丰富了人最本质的内涵，推动人性走向圣洁和高贵。班主任只有从精神生活上关心学生发展，才能真正促进学生的生命成长，提高教育关心的精神境界。

班主任的教育劳动是人性化的劳动，关心学生是班主任的天职。班主任关心学生，既要重视学生的精神信仰与实践理性，又要让学生活在当下的现实世界中，关注现实世界的生命态。班主任要从内心深处关心学生，点亮他们心中的希望，使其勇敢、自信地学习和生活；班主任的关心具有导向和激励作用，只有将其与学生的学习、生活实际联系起来，才能起作用。因此，班主任要关心学生的学习生活和交往生活，关心学生的日常生活方式和生活习惯。

第六节　班主任与班集体

班集体建设需要班级全体学生的参与，没有学生的主动性、积极性，良好的班集体是难以形成的。同时，班集体建设又是一个班主任指挥、执行和监督的系统工程。在培养和建设班集体过程中，班主任是班集体的组织者、指导者和培育者，对班集体的形成和发展起着重要作用。良好的班集体不是自发形成的，是班主任辛勤培育的结果。因此，班主任工作质量直接关系到学生成长的质量和速度，关系到班集体的形成、巩固和发展。班主任是否善于建设班集体，是衡量其工作能力的重要标志，也是其素质的综合反映。实践证明，班主任的思想水平、工作水平和道德水平往往决定着班集体建设的水平，亦对班集体的教育质量产生根本性的影响。

在班主任对班集体施以根本性影响的同时，班集体建设也促进了班主任的专业发展。班主任专业化发展的途径是多种多样的，有教育工作中的学习与积累，班级建设中的实践与反思，也有专业成长中的同伴互助与专家引领等。其中，班集体建设是班主任专业化的重要载体。班主任在班集体建设中，不仅推动良好班集体的形成、学生德智体各方面的

全面发展和个体社会化的进程，同时，班主任也在不断汲取知识，充实自己，促进自己的专业成长。

把一个一般的班集体建设成为一个优秀的班集体，班主任必须是一位训练有素、专业化成熟的"组织者、管理者、指导者"。班主任专业化成熟是指班主任在专业道德、专业知识和专业能力等方面达到胜任班主任工作职责要求的基本素养。

班主任专业化成熟更多的是在班级建设的实践中实现的。一方面，班级建设中实践性问题的存在反映了对班主任专业化成熟的需要，另一方面，班级建设中实践性问题的解决则是班主任专业化成熟的标志。班集体建设中的探索与实践，是班集体与班主任工作实践的"同期互贯"，是班主任与班集体建设共同成长的过程。

一、班级建设促进班主任专业人格的发展

班主任的劳动对象是可塑性大、模仿性强的儿童和青少年。"为人师表"是社会对班主任的基本要求，也是班主任的基本素养。在班集体建设中，班主任的世界观、人生观、价值观对学生产生直接的影响。班集体建设的实践要求班主任的思想道德品质应该高于、先于、优于学生，言行举止应该成为学生的楷模；要求学生做到的班主任首先应该做到，要求学生不做的班主任坚决不做。因此，在班级建设过程中，班主任必须以高尚的道德品质影响和培养学生，在促进学生道德成长的过程中发展自己的专业人格。

二、班级建设促进班主任文化素养的发展

学生的首要任务是学习。作为人类文化的传播者和延续者，班主任应成为学生心目中的"百科全书"。在班级教育管理过程中，班主任对学生的影响是全方位的，他所掌握的知识不能只局限于所教的学科，还

要有广博的科学文化知识，必须对社会科学和自然科学知识有所掌握和了解，成为一个"杂家"。因此，班主任应该坚定学习的信念，不断学习和更新知识，提高自身的文化素养；应当以一个优秀学习者的人格魅力来影响学生，把学生培养成学习型的人，把班级建设成为学习型的组织。

三、班级建设促进班主任专业知识的发展

传播知识、教育学生学习知识是班主任的主要任务，因此，班主任作为一个知识的传播者和学习知识的引导者，不仅应该拥有深厚、广博的学科专业知识，而且教育学、心理学、伦理学等教育理论知识和"德育原理"、"班主任学"等专业知识也是班主任专业化所不可或缺的。在班级建设实践中，班主任要掌握这些相关理论知识并逐步运用到学生教育和班集体建设与管理之中，形成自己的班主任工作风格。

四、班级建设促进班主任专业能力的发展

班主任不同于任课教师的主要方面是要对班集体进行建设与管理，要组织开展丰富多彩的班集体活动，因此，班主任必须具备多方面的能力。如深入了解和研究学生的能力、创建班集体的能力、做好个别学生教育的能力、组织开展多种活动的能力、灵活机智的教育应变能力、交往协调能力等。从班级管理工作的需要来看，班主任还应该多才多艺：琴棋书画皆通，天文历法都懂，耐心爱心具备，严肃幽默全会。这个要求虽然比较高，人人做到也不容易，但如果班主任具有文艺、体育等方面的才艺，对于建立良好的师生关系、建设良好的班集体将起到重要作用。

班主任专业化既是一种价值追求，也是一个发展过程。建设班集体

既是班主任工作的目标，也是班主任专业化成长的土壤。班主任要将开展班集体建设作为专业发展的重要载体加以重视。只有在班集体建设的实践中，班主任自身的知识经验才能转化为个人的教育智慧，从而增强专业智能，提升人格素养，促进专业发展。

第二章
确立班集体建设目标

    班集体建设目标是班集体建设的第一要素，班集体建设的基本问题就是班集体目标逐步内化为每个成员的精神需要，使每个学生的认识情感、意志和行动同集体的要求统一。

    明确的奋斗目标对个体的思想行为具有指导作用，它能将人的需要变为动机从而引导行为指向目标，同时给人以力量，促使人去克服困难，一步步地达到目标；明确的目标对群体的行为具有凝聚作用，使群体具有集体的特征，增强群体的向心力。

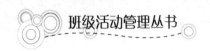

第一节　班集体建设的目标

任何组织和个人都有其奋斗目标。奋斗目标提得适当，可以使个人和集体有所向往，有所追求，对全体学生也有极大的引导和鼓舞作用。班主任开始接新班的时候，要着手给全班确立一个共同的目标，让班集体的每个成员有共同努力的方向。一个班集体有了集体的奋斗目标，在实现目标的过程中会产生激励效应，形成强大的班级凝聚力。每一个集体目标的实现，都是全体成员共同努力的结果，因而在实现目标的过程中能够分享集体的欢乐和幸福，从而形成集体的荣誉感和责任感。

班集体的建设与维护是以树立共同的奋斗目标为前提的，正确的奋斗目标是维系师生为之奋斗的共同纽带，是班集体前进的动力。班集体奋斗目标必须有预设性、系统性。

一、明确班集体目标的分类

1. 按时间可分长期、中期、近期目标

（1）长期目标，可以理解为全部学年的奋斗方向。班级的长期目标应该是培养德、智、体全面发展的社会主义事业建设者和接班人，养成勤劳、俭朴、文明、礼貌、遵纪守法和保护环境的道德习惯；形成诚实、守信、自尊、自强、坚毅和勇敢的个性品质。

班集体的长期目标，具体表现在以下几个方面：

①德育方面：使学生有爱祖国、爱人民、爱劳动、爱科学、爱社会

主义的思想感情，初步具有为人民服务和集体主义思想，具有守信、勤奋、自立、合作、乐观、进取等良好的思想品德和个性品质，遵纪守法，养成文明礼貌的行为习惯，具有分辨是非和自我教育的能力。

②智育方面：使学生掌握必要的科学文化知识和基本技能，具有一定的自学能力、动手操作能力，以及运用所学知识分析和解决问题的能力，初步具有实事求是的科学态度，掌握一些简单的科学方法。

③体育方面：使学生掌握锻炼身体的基础知识和正确方法，养成讲究卫生的习惯，具有健康的体魄。

④美育方面：使学生具有初步的审美能力，形成健康的志趣和爱好。

⑤劳动技术教育方面：使学生学会生活自理和参加力所能及的家务劳动，初步掌握一些生产劳动的基础知识和基本技能，了解一些择业的常识，具有正确的劳动态度和良好的劳动习惯。

长期目标是班级的最终奋斗目标。制定长期目标，应根据班级和学生实际，确定建班方针，使学生德、智、体、美、劳全面发展，班级具有鲜明特色。

（2）中期目标，可以理解为一个学年度的奋斗目标。①政治思想方面：正确处理个人前途与社会需要的关系，树立为集体、为民族作贡献的献身精神。②道德行为方面：养成艰苦奋斗、遵纪守法及良好的行为习惯，有较强的生活自理能力；遵守社会公德，对不良影响具有一定的辨别抵制能力，养成不怕困难、不怕挫折、勇于创新的优良品格。③智力培养方面：具有正确的学习态度，科学的学习方法，良好的学习习惯，形成求实、探索、团结和进取的学风，成为智能型的人才。

中期目标是长期目标的分解，它在体现班级总目标的前提下，使目标更加具体。通常情况下，班级中期目标是班级年度工作计划的重要组成部分，也是班级年度工作努力的方向。制定中期目标，可以在完成总目标的某一、二个方面有所侧重，以期收到最佳效果。

（3）近期目标，可以理解为每阶段教育所要达到的目的，一般是

指在半个月或三个星期以内的目标任务。应体现在每次精心设计的教育活动之中，开展活动的目的是为了培养学生的集体主义精神，培养助人为乐、热爱劳动等优良品质以及一定的组织能力和实际操作能力，等等。

近期目标往往通过班级组织的各种活动来实现。短期的带有激励性的目标的实现，可以使师生增强信心，从而努力向更高的目标迈进。

2. 按对象可分为班级目标、小组目标、个人目标

所谓的目标，最首先的就是班级集体目标。在班级集体总目标设置的基础上，通过自上而下层层分解，将班级集体目标分解成若干个小组目标子系统。小组目标子系统主要指出勤、纪律、作业、两操和卫生等常规项目的目标，是班级集体目标的进一步具体化。之后，小组目标再分解到个人目标。个人目标，指的是按照每个学生各自的需要、兴趣、性格、意志、情感、品德和学习等特点，为发展个人特长与才能潜力、培养创造精神而精心设计的最佳发展路线和具体目标。

班级集体目标、小组目标与个人目标是矛盾的统一，相互之间具有双向反馈的机制。班级集体目标、小组目标包容个人目标的合理因素，个人目标则以班级集体目标、小组目标为导向，这样，彼此之间就不会方向各异，互相抵消，甚至内耗。

同时，在小组目标和个人目标设置的基础上，又通过制定相应措施、制度，自下而上层层加以保证和落实，并进行整合，使各目标之间取得平衡，最终形成一个纵横交错、协调一致、保证班级集体总目标实现的班级管理目标网络。

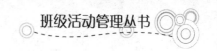

二、把握班集体目标的原则

1. 方向性原则

目标犹如航标，指引着航船沿着正确的方向到达彼岸。班级奋斗目标是全班师生共同努力的方向，是全班统一认识和行动的纲领，是国家培养人才目标和学校教育目标在班集体建设中的正确反映。

2. 激励性原则

班级奋斗目标，是激励学生为之奋斗的动员令。它在书面表达上应该鲜明具体，生动感人，催人奋进。同时班主任要根据班集体建设的新发展不断地予以充实，展现出其新的前景，以吸引班级的所有成员，激发他们的责任心、荣誉感，鼓舞大家为达到预定目标奋斗。

3. 中心性原则

班级奋斗目标是全班师生为之努力的方向，也是班级工作的出发点和归宿。因此，班级的一切工作都要以它为中心，使大家感到目标不是空的，而是与日常的学习、工作、活动密切联系。同时，还要经常用它来检查督促班级的各项工作，使之真正成为推动班集体建设不断前进的巨大动力。

4. 渐进性原则

实现奋斗目标不能操之过急，要注意它的渐进性。近期目标是依据中期、长期目标而设计的，中期、长期目标又是通过近期目标的不断达成而逐渐实现的。一个近期目标实现之后，经过认真总结，及时根据中期、长期目标提出新的近期目标，使之成为一个前后衔接、循序渐进、不断提高、不断深化的过程。

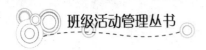

5. 可行性原则

确立班级奋斗目标必须符合学生的生理心理发展特点、思想觉悟、生活经验及班集体发展水平等实际状况。班级奋斗目标只有适合学生的需要、兴趣和愿望，才会有广泛的群众基础，才会有实现的可能性。

第二节　学生参与目标设计

教育家陶行知说："共和国要有能自治的国民，也必须使做国民的时常练习自治的道理；久而久之，习惯成自然，他们也就能够自治了。"在确定班集体的建设目标时，班主任应走出"一人包办"的模式，要求每个学生以主人翁的身份分析班里存在的各种问题并出谋划策解决问题，组织他们学习、讨论，师生共同制订出切合班级实际的班规。

班集体建设目标的确定，是学生自我教育、自我激励的过程。学生通过参与班集体的目标设计，可以增强主人翁的意识与责任心，使班级管理目标内化为学生的自觉行动，为班级管理奠定了基础。

学生的情况由学生自己来反映，这是最真实的第一手资料。班主任及时、全面、真实地摸清班级情况，就可以对他们做出正确的评价了，如果班级学生的组织纪律性涣散，学习成绩不好，常常惹是生非，归根结底，是因为他们缺少主人翁意识，缺乏集体主义观念。对症下药，方能医治好疾病；有了舵，航船才不会有偏差。正确的目标是成功的前提。但是目前许多班主任对班级管理的目的认识不清，把握不准，主要存在着这样一些问题。

一、班集体目标设计中的误区

1. 消极防备观

一些班主任认为，班级管理是为了防备出事，因而不是主动地发现并寻求问题的解决，不是主动地去促进班集体建设和每一个学生的发展，而是消极地防备，习惯于高压政策。

2. 问题解决观

也有一些班主任认为，班级管理就是问题解决，因而不是主动全面地关心班集体的每一位学生，积极正确引导每一个学生的发展，而是被动等待问题发生，一旦发生，对犯规学生严厉惩罚。

3. 执行命令观

一些班主任认为，班级管理就是按照上级的要求来进行班级管理，有的甚至只是做表面文章来应付上级检查，班级管理是自上而下的，而不是从班级实际出发，自下而上，更没有考虑每个学生发展的实际需要。

4. 争取荣誉观

一些班主任认为，班级管理就是为了促进班级进步，而班级进步又简单等同于班级集体荣誉的获得。因而往往只顾及集体荣誉，忽略全体学生的发展。一般情况下只有少数"过硬"、"能干"的学生得到任用和培养。而有些情况下，在为了群体的借口中，学生干部往往只被使用不被培养，成为集体荣誉的牺牲品。

归根到底，重视班集体建设的最终目的也是为了每一位学生的发展，班集体建设是为了给每一个学生的成长提供良好的氛围和环境。所

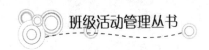

以班级管理必须确立"促进每个学生发展"的目的观，只有确立了"促进每个学生发展"的目的观，才能使班级管理真正为每个学生的成长服务。

二、人人参与制定班集体目标设计

没有规矩，不成方圆。注重发挥学生的主体作用，并不是不要管理制度，而是要让学生在班主任的间接调控下自主管理，自主教育。学生是班级的主人，班主任的职责应该是协调引导，而不能包办一切，应该给学生最大的自主权。

班训、班规、班集体目标的形成，传统的做法是班主任拟定条款，这样在一定程度上难免使学生形成逆反心理，产生一定的抵触情绪。班训、班规收效不大。有一位班主任在接手一个新班级之际，先在班级讲优秀班集体的事迹，从而让学生明白制定一套切实可行而又推动班级发展的班训、班规的必要性和重要性。然后通过个人建议、小组讨论、班会等形式，引导学生反复斟酌，共同制定出既符合校情、班情，又能让全班学生共勉的起到激励警戒作用的班训、班规、班纪，并确立班集体奋斗目标。从学习、纪律、卫生、礼仪、行为规范等方面，提出了明确而又具体的目标和确保班集体目标实现的措施。由于这些目标和措施完全是由学生们自己商定的，有切实可行的近期目标，也有高瞻远瞩的远期目标，所以学生们在完成时，就显得更主动，更有信心，更得心应手。

班训、班规制定出来了，不实施等于一纸空文。作为班主任应引导学生熟悉班训、班规，要求他们自觉按要求去做，互相督促，成为班训、班规的实施者。

三、人人参与管理

所谓"人人参与"，即让每个学生在班集体中都负有一定的管理权利或服务责任。例如，在班级公物管理中，可以画出公物承包管理图，形成承包管理规定，明确每位承包者的职责范围，建立起一套检查监督规章制度，从而在这方面真正实现"班级的物，物物有人管；班级的人，人人有事干"的格局。

这种格局可以发挥多重作用，一是可以使每位学生获得一种"存在感"，使每位学生能够受到大家的注意和尊重；二是能够帮助学生发现自己的潜力，让埋藏在每个人灵魂深处的所有的才能都发挥出来，例如记忆力、体力、与他人的交际能力，领导者的天然气质等；三是可以让每个人在工作中与他人互动，换位思考，发现自己的不足；四是易使学生形成主人翁意识，自觉自愿地担当班级的小主人。这种格局的形成，应该是既有个人愿望的表达，又有集体的选择；既有个人表现的空间，又有集体规范的约束，是促进每个学生积极、健康发展的好形式。

近年来，随着教育改革的深入，许多班主任对班级管理中如何形成"人人有事干"的格局进行了很多有益的探索。有的班主任探索出一种"三位一体"的管理模式。所谓"三位一体"，即在班级中设立"常委会"、"自管小组"和班主任助理。"常委会"采取竞选和选举结合的办法由八人组成，是班级的"立法"机构，在分组广泛征求任课老师和班级同学的建议和要求的基础上制订可行性常规，并监督规章制度的执行。为营造"人人参政"的局面，每位学生必须参加一个"自管小组"，如环境小组、宣传小组等。班主任助理任期一周，享有班主任的"权力"，组织带领各自小组的同学去参加各项中心活动，负责任期内每天的班级事务。"责任承包管理制度"其做法是把班级工作细化，细化到每个人都承担其中的一份，如设定大扫除用具、教具等物品管理责任承包人，班容保护责任承包人，桌椅、饮水机保护责任承包人，班级玻璃擦拭承包人，清洁区卫生责任承包人，班级纪律责任承包人，主题班会责任承包人，文体活动责任承包人，好人好事验收与督促责任承包人，班级各项工作质量检查责任承包人，等等。

实行"以生为本"的班级管理，让学生全过程、全方位、全身心

地投入到班级工作中，在全员参与、充分协商的基础上确定班集体奋斗目标，才能调动学生的积极性和创造性，逐步培养他们独立自主的精神和自我管理的能力，逐步实现"管，是为了不管"的目标。

同时，班级工作中学生固然是班集体奋斗目标的设计主体，教师的辅导地位也不容忽视。班主任在班风的建设中不仅要以科学的道理武装学生，以高尚的精神塑造学生，以优秀的人格影响学生，更应该注意班集体的舆论导向，让正确的舆论引导学生。正确的舆论中心和导向能够使学生坚定自己的学习信念，明确自己的学习目标，形成自己的纪律观，从而达到自律、自强，并最终形成正确的人生观和世界观。

第三节　根据班情确定奋斗目标

作为一名班主任，不管你所负责的班级是先进的还是落后的，不管你所培养的班集体已经发展到什么水平，但要科学创建班集体，首先必须摸清班级发展的实际情况。掌握班级实际情况，进行班情分析是科学创建班集体的前提。有了调查研究，摸清了真实的情况，才能恰当地选择正确的途径和方法。班主任只有对班级的基本情况了如指掌，才能把握好班集体建设的关键性问题。

一、班情分析的内容

班主任进行班情分析，主要是了解和掌握以下几个方面的内容：（1）学生的自然状况，如性别、年龄、家庭结构及人员状况、学生的兴趣、爱好、特长、生理发育状况等等；（2）学生的心理发展状况；

（3）学生的思想道德状况；（4）班级人际关系状况；（5）班集体建设的环境状况；（6）班集体总体发展的实际水平；（7）班集体建设的方法是否行之有效；（8）班集体发展的实际状况与优良班集体之间最关键的差距何在。

二、班情分析的方法

要想完成班情分析，顺利掌握上面提到的各方面信息，就必须灵活运用班情分析的方法。下面，就介绍集中班主任进行班情分析的常用，也是比较有效的方法。

1. 资料分析法。即通过科学研究学生档案获得学生自然状况的一种方法。它主要是了解学生过去的一些情况。

2. 观察法。这种方法贯穿于班主任工作的始终。所谓观察法，就是指常态下，班主任按照一定的目的和计划对学生进行系统、连续的观察，并作出准确、具体和详尽的记录。这种方法常被用来获取第一手材料。其实施的要求：（1）具有一定的目的；（2）具有明确的说明现象类型的分类标准；（3）具有明确的观察对象；（4）具有一定的观察地点；（5）具有确定的观察时间表；（6）具有确定的记录方法；（7）具有一定的处理和分析材料的方法。常见的观察法有：①核对清单法；②级别量表法；③记叙性描述。

3. 问卷调查法。指通过一系列书面问题来征询学生对某一主题的意见，从而获得有关这一主题的第一手材料。实施的要求：（1）每次只涉及一个主题；（2）说明清楚、完备；（3）问题的陈述不带偏见；（4）问题的安排次序符合一定的心理习惯；（5）问题的答案易于整理、分析和解释。它的优点是可以避免谈话时由于面对面而造成谈话对象的心理戒备状态；不足之处是如果问题选择不好，总有一部分人不作回答，也较难查明不回答的原因。

4. 谈话法。指班主任通过与学生以某种形式进行交流，直接搜集

有关事实材料。按谈话过程的系统性可分成严格按照事先拟定的计划进行的标准式谈话和比较自然、随便的自由式谈话；按谈话对象人数多少可分为个别谈话和集体谈话。它的步骤有：（1）选择谈话对象，准备谈话计划；（2）确定谈话目的和内容；（3）按计划进行谈话；（4）整理、分析谈话记录（或结果）。它的优点有：①班主任与学生保持着直接联系，有利于在短时间获得需要的材料；②班主任能够当场解释学生提出的疑问或误解，及时补充必要的调查内容，确保调查材料的可靠性；③可以搜集到一般方法搜集不到的学生的情感反应。它的不足是：①班主任的态度、语气以及谈话的艺术水平可能会使学生产生偏见和误会；②选择学生谈话时要考虑一些可能的限制因素。

除此以外，还有社会计量法、活动测试法等等。但无论是使用一种方法或几种方法的交替、综合使用，都必须遵循一定的要求和步骤。

三、在班情分析的基础上确定班级奋斗目标

在摸清班级情况，进行班情分析以后，就要提出切合本班实际的班级工作奋斗目标。班集体目标是全班学生通过共同奋斗所要达到的结果。在班级成立之初，学生处于松散状态，因此，确立共同的奋斗目标，对优良班集体的形成起着重大的作用。

班集体目标既是全班学生活动的出发点，又是学生活动的归宿。首先，班集体目标为了使班集体不断巩固和发展，需要经常寻找鼓励班级前进的力量，提出远景，确立新的奋斗目标和新的任务。之所以如此，是因为班集体是为实现教育目标而组织起来的一种正式的教育集体。班集体建设的每一步，最终都是为了实现教育目标，完成教育教学任务。优良的班集体的创建，既不是自发进行的，更不是随机工作所能实现的，它是班主任、学生、科任教师等有意识、有计划、系统地、努力实践各个层次的目标所获得的预期结果。

优良班集体创建的目标是班集体创建中班情分析的继续，是开展班

集体创建各种各样的活动的依据。优良班集体的形成和巩固是以共同的奋斗目标为前提的。没有一个共同的奋斗目标，集体就失去动力，就会涣散。有了共同的奋斗目标，就能把全体学生吸引在一起，使大家产生积极向上的强烈愿望，做到心往一处想，劲往一处使，在共同的奋斗中逐步形成一个团结向上的班集体。

确立班级奋斗目标，要从本班的班情出发，所确立的目标要有方向性、阶段性、现实性和激励性等。方向性是指所提出的目标要以党的教育方针、教育目的、学校的教育教学任务及学生的年龄特征为依据；阶段性是指围绕总目标，分阶段、有层次地、按照先易后难、循序渐进地制定出近期、中期目标；现实性是指目标符合班情，高低适当，通过努力就可以实现；激励性是指目标有一定难度，能激发起学生的上进心，并把目标内化为个体的精神需要，激励学生不断进取。

创建班集体常用的目标有总目标、远期目标、中期目标、近期目标。总目标是指贯穿于班集体创建过程始终的目标，即培养德、智、体、美、劳全面发展型人才。这是创建班集体的根本方向、根本要求，是班主任的班集体创建工作的灵魂。远期目标，一是指将班级培养成优良的集体；二是指全面地保质保量完成教育、教学任务；三是指把学生培养成全面发展型的社会主义建设人才。创建班集体的远期目标可以根据中小学的学制具体确立。中期目标是指创建班集体过程中把松散的班级建设成班集体，并在完成一学年教育教学任务的同时，使学生的德、智、体、美、劳等方面获得适当的发展。中期目标一般为一个学年度。近期目标是指为创建班集体，为完成教育教学任务，为使学生获得全面发展而做的短期安排。

明确了班级奋斗目标以后，必须狠抓落实工作。要围绕各个时期所提出的目标开展活动，每一个分目标都必须是为实现总目标服务的。目标顺利完成以后应及时总结、评比，然后提出新的更高的奋斗目标和任务，使班集体不断前进。

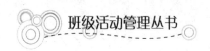

第四节　目标设计中的注意事项

在班集体目标的确定方式上，实行班级议事制很有益处，班级议事制是指利用班会课或晨会课把班级的重要活动事宜分开，在集体充分讨论的基础上形成统一决议再付诸实施、在实施过程中相应对照商议、使之逐步完善的一种管理方略。

反之，如果班主任强调集体本位利益，忽视部分学生的想法、建议，那么制定出来的班集体目标不但不能调动全体学生的自主意识和自我管理积极性，还更容易导致他们热情的降低、信心的骤减甚至公然反抗。班集体目标的设计要注意以下八个方面。

一、循序渐进，目标激励

班集体奋斗目标只有建立在满足不同学生不同心理需求的基础上，才能充分发挥目标的激励功能。因此，班集体奋斗目标必须遵循循序渐进原则，即"阶梯原则"。这样，可使学生在实现目标的过程中由易到难，循序渐进，不断进步。如第一周，要求学生出操15秒钟集合完毕；第二周，要求学生出操不说话，保持安静；第三周，要求将成绩保持下去，参加学校广播操评比，争取获年级第一。

制定班集体奋斗目标，引导学生围绕大目标，确立分步目标，让学生感到目标我能做到，引导学生分组展开讨论，由组长记录小组成员的想法，在各组想法汇总的基础上制定班集体奋斗目标（其中含分步目标）。

实现班级目标过程中，班主任应首先让学生明白目标的内容、要求、奖励等情况，鼓动士气，做好动员工作，加强凝聚力。还应利用班级舆论制造一种气氛和环境，如办好宣传栏、黑板报、评比窗等。加强舆论力量和宣传力量。同时，注意强化学生的成就动机，对学生进行不间断的鼓励、表扬，使学生们自信、自强，最终实现目标任务。

二、切实可行，目标达成

班集体奋斗目标是经过班主任、任课教师和全班学生认定的，在一定时间内能够达到的班级绩效。班级目标既要体现方向性，遵循循序渐进原则，也要体现可行性。不然，目标也就成为空洞口号。如"成为祖国的栋梁"就不能是班级目标，而只是教育理想。所以，可行性的目标要符合中小学生的年龄特点，适合中小学生接受水平。

班集体目标要明确、具体，也要有一定的鼓动性、竞赛性。可见，目标宜实不宜空，宜行不宜难。这样的目标，学生一方面通过努力就能达到，另一方面也起到培养学生集体荣誉感的作用。

三、全面推进，目标协调

全面推进，目标协调，要求班集体要考虑到学生多方面的发展，在学习、纪律、体育、思想、劳动等方面都有目标要求。

班级作为学校教学活动的基础单位，其管理水平的高低，对学生全面健康的发展，对完成教育和教学的各项任务起着举足轻重的作用。家长们把孩子送到学校，就是想让他们在一流的学习环境中，学到先进的科学文化知识，让他们的性格、修养、办事能力、交际能力等各个方面都能获得长足的进步。为此，班级管理中，班主任的核心工作就是全面育人，充分发挥学生的自主管理意识，突出对学生的人文性管理，使学生既受到严格行为规范的约束，又能在轻松宽容的氛围中充分展现自己

的个性特长，让所有的学生从身边做起，从小事做起，全面提高自身素质。

四、构建网络，情感交融

理想的人际关系是孕育完善个性的肥沃土壤，可以促进集体有机地发育。因此，在班上可以开展"一日班长"、"轮流班委"、"轮流学习组长"和"轮流卫生组长"等活动。为完成这种和谐统一，还可构建多元网络，设立"心灵有约"班级信箱，让学生把不想公开的话语悄悄地塞进这个"宝箱"，纸条上不用署名，如写写自己的烦恼，给同学们提个建议，对老师诉说心里话……促进班主任、任课教师、学生、家长之间的沟通，让学生真正充分发表自己的观点。

班主任可以打开"宝箱"，及时发现学生不良苗头及所需，有针对性地开展工作。借此也可以组织学生定期或不定期讨论、调整班集体奋斗目标，让所有学生畅所欲言，为建设优秀班集体出谋划策。还可以在班级中设立"心灵之窗"栏目，为学生提供人际交往的广阔空间，实现情感的交流与沟通，增强集体意识。

五、自愿成组，民主竞争

在组建班集体的组织细胞——小组的过程中，要注意尊重学生的意愿，由学生民主选举组长，自由选择，自愿结合成组。例如每月实行的"轮流组长"活动。在日常管理中采用组际评比方式，民主竞争。各小组采取量化评估方式，每月班内评选"最佳小组"，颁发奖状并组织学习交流，为学生在班集体建设过程中营造一种充分民主与竞争的小社会氛围。

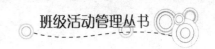

六、人人参与，自主管理

科学地管理班级工作，就必须使班级管理机构的作用逐步充分发挥起来，让学生逐步学会民主管理，不断增强自我教育的能力。在工作中，要努力做到：（1）计划让学生"谋"；（2）制度让学生"定"；（3）形式让学生"选"；（4）"热点"让学生"议"；（5）问题让学生"析"；（6）效果让学生"查"；（7）总结让学生"作"。

七、多彩活动，能力提高

学生的能力是在多彩活动中得以形成和发展的，作为班主任，应努力创造一个开放的教育系统，以有助于学生素质全面充分的发展。为了增强学生的环保意识，可成立环保小分队；为了增强学生的劳动意识，可成立劳动小分队，建立校园社会活动基地，利用周二和假日开展活动，认真填写劳动手册，撰写劳动心得；为了增强交通安全意识，可让学生自己组织走上街头，协助交警进行安全教育；为了增强学生的社会责任心，可让学生想办法、出点子，看望福利院老人，为灾区的希望小学捐赠图书等。

八、多元共建，开放评价

作为一个班集体，不能孤立地存在，也不能单纯地只依靠班主任和学生来建设，还需要来自于学校各个班集体的互动，任课教师的协调共助，学生家长的参与辅助，社会各界的大力支持。因此，把班集体置于客观世界的评价之中，争取大社会环境的民主，以满足社会对整个班级建设的需要。

第二章 确立班集体建设目标

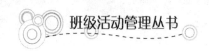

第五节　培养学生自我教育与管理的能力

班主任在班集体目标设计和教育管理工作中，仅仅依靠班主任个人和少数几个班干部是不能完成教育教学任务、实现教育目标的，必须依靠全体学生，增强每个学生的主人翁责任感，增强学生的参与意识，发挥个体能动性。换言之，无论进行怎样的班集体建设目标设计，都不能离开培养学生自我教育和自我管理能力的主线。

一、学生自我教育能力的功能

自我教育，是在自我意识的基础上产生强烈的进取心，向自己提出任务，进行自觉的思想转化，并主动采取行动，培养自己的道德品质的控制活动。它主要表现在：坚持正确的政治方向，拥护党的改革开放政策，积极学习哲学、社会学、伦理学、法学等学科的基础知识；学会并能自觉地运用批评与自我批评，自觉地控制自己的言行，发扬积极因素，克服消极因素；善于总结工作、学习、生活经验，能够并善于辨别是非善恶与美丑，抵御社会上各种不良影响，自觉地、不断地进行自我道德修养。人的一生都离不开自我教育。

自我教育对培养人们良好的思想品德，树立正确的人生观，具有决定作用。一个人是否具有正确的人生观和远大的事业、理想、是否具有高尚的道德情操和丰富充实的精神生活，关键就看他在社会实践中，在外界条件（主要是学校教育）的影响下所形成的自我教育的水平和能力。

19 世纪英国哲学家和社会学家斯宾塞说过："记住你的管教的目的应该是养成一个能够自治的人，而不是一个要让别人来管理的人。"因此，班主任应该把培养学生自我教育能力，提高自我教育水平放在班主任工作的中心地位。学生既是教育管理的对象，又是教育管理的主体。学生的成长和进步，主要还在于自己的主观努力程度。我们教育的目的是为了达到不教育。前苏联著名教育家苏霍姆林斯基说，"真正的教育是自我教育。"只有以自我教育为基础，以自我教育为主的教育，才是一劳永逸的教育。也只有这样，班主任的教育管理工作才能做得卓有成效。

班主任工作的任务之一就是启发、引导、促进、加速学生自己思想内部矛盾的运动，即充分挖掘学生中蕴藏的巨大的自我教育能力，最大限度地发挥学生自我教育的作用。因此，班主任要注意培养学生的自我教育能力。

二、学生自我教育能力的类型

自我教育能力是个体有效地进行自我教育活动所应当具备的多种能力的完备组合。它主要包括自我认识与评价的能力，自我鼓励与激励的能力，自我控制与调节的能力等。

1. 培养自我认识与评价的能力

自我认识与评价的能力，是指个体在自我教育中能正确地认识自己，了解自己，清楚地把握自己的心理特征和个性品质；正确地理解和掌握社会道德规范和道德要求，并以此为标准，客观评价自己和评价别人的能力。

优良的班集体，有前进的目标，正确的舆论，它能向自己的成员提出严格的要求，不仅促进其成员互相帮助，自己教育自己，而且也使他们在集体活动中互相认识，了解每个成员的社会活动能力。因此，培养

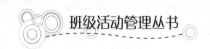

优良的班集体，开展丰富多彩的集体活动，引导学生自己教育自己是培养自我认识与评价的重要途径。

要优化育人环境，建设优良的班集体，让学生学习生活在一个健全的班集体之中，通过班集体的正确批评和自我批评，指导学生提高自我评价，自我认识的能力。

要创设"问题情境"，激发学生思考问题的兴趣，推动学生自身的思想矛盾运动，以增强自我认识的能力。学生自身的缺点和弱点总是在问题和矛盾中显露出来，对自身认识的深化和自我教育能力的增强是在解决矛盾的过程中获得的。

2. 培养自我鼓舞与激励的能力

自我鼓舞与激励的能力，是指个体由道德认识、道德理想和信念在情感方面所表现出来的一种内部驱动力。自我鼓舞与激励能力的大小强弱，取决于个人理想是否远大，以及对这一理想是否有深厚的情感，是否有信念去实现它。培养这方面的能力时应注意以下几点：

（1）要引导学生正确处理个人与集体、社会的关系，把个人的成才与社会主义大业联系起来，树立建设社会主义的伟大理想。

（2）要启发学生去追求内心真、善、美的体验，培养高尚的情操，使道德修养成为自己的精神需要。组织学生开展社会调查，观看好的影视片、优秀文艺作品，并开展影视评、书评，是引导学生追求内心真、善、美的体验的重要方法之一。

（3）班主任还要善于将德育的一般目标加以具体化。要根据中小学生不同年龄阶段的特征，提出不同的具体要求，并努力实施。

3. 培养自我控制与调节的能力

自我控制与调节的能力是个体为了实现外部的道德要求，自觉地控制与调节自己的心理状态和行动方式，克服种种困难，在意志方面表现出来的一种内部力量。自我教育过程，就是认识和情绪体验的过程，也是一个意志过程，最后表现为行动，即所谓"知、情、意、行"的统一。因而，在培养自我教育能力时，锻炼学生的意志力，即培养自我控制与调节的能力，是十分必要的。

一个人的自我教育能力的完备组合，自我认识与评价，自我鼓舞与激励，自我控制与调节，既有各自的功能，又有相互的联系。一个人自我教育能力水平的发展过程，是在受环境影响、道德规范约束和教育起主导作用的条件下，由低级到高级，由不自觉到自觉，由依赖到独立自主的发展过程。

三、培养学生自我管理能力的界定

培养学生自我管理的能力，主要是指以培养学生的集体主义思想为核心，培养学生以班级主人翁的精神管理班级，在自我管理中增长才干。一般而言，学生自我管理能力主要有三个方面的内容：一是思想管理能力；二是学习管理能力；三是日常生活和活动管理能力。三者有联系，也有区别。

有的班主任整日辛辛苦苦，起早贪黑，但班级工作却并不十分理想；而有的班主任并不整天围着学生转，也不事无巨细样样操心，班级却教育管理得井井有条。之所以会有这样的差异，原因就在于班主任在培养学生自我教育能力的同时，学生自我管理能力培养得如何。

目前，中小学无专职班主任，都是任课教师兼任班主任工作。他们除了班主任工作，还有大量的教学任务，要上课、要批改大量的作业，还要提高业务并不断更新知识。班级教育管理工作要做好，教学任务又必须保质保量完成，而人的时间和精力总是有限的，为解决二者的矛盾，班主任就要注意培养学生的自我管理能力。

四、学生自我管理能力培养的对策

学生自我管理能力的培养，始终贯穿在班集体建设的过程中，它需

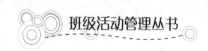

要班主任在班级教育管理的过程中，采用科学的教育管理方法，来培养学生的自我管理能力。

1. 相信学生能够管理好自己

中小学凡事班主任必亲自出马，采取"看管"式的工作方法。眼保健操班主任要看着，课间操要跟着，各项活动更是离不开班主任。这样不仅浪费了班主任的大量时间，甚至影响教研水平的提高，而且会束缚学生创造能力的发挥。同时也违背德育严格要求与尊重信任相结合的原则。学生自己能做的事情就要让学生自己去做，要充分信任他们的能力，相信他们有独立完成任务的能力。

2. 自我管理能力的培养是一个长期的过程

学生自我管理能力的培养可分为三个阶段：主管、共管、自管。

（1）教师主管阶段。在班主任接手新班或中途接班的时候，这个时期的中心工作是确立班主任在学生中的威信和影响力。这个时候班主任要通过各种途径各种方法在学生心目中树立起良好的形象，把学生紧密团结在自己的周围，使松散的班级集体，逐渐以班主任为核心内聚成一个集体，或者使优良的班集体向更高的水平发展。

（2）师生共管阶段。这是创建优良班集体、培养学生自我管理能力的关键阶段。在师生共管阶段，班主任要有目的、有计划地建立以班长为核心的管理机构，班级的一切事情不能由班主任一人决定，除个别重要问题的决策外，一般性的班级日常事务，由班长和班委承担，班主任只是出谋划策。在此阶段，班主任要放手培养、发挥好班干部的管理作用。

（3）学生自管阶段。一般是在班级领导核心已经形成并且巩固，集体健康舆论也已经形成的时候。此阶段的班级教育管理要充分发扬民主，调动全体同学的积极性，更多地发挥集体的教育作用，让全班大多数学生在参加班级教育管理的过程中，增强主人翁意识，能力得到锻炼，思想境界得到提高。可以让班上多数学生在班集体内负有一定的责任，如试行班干部定期轮换制等等。

　　班主任动脑、动口指导学生干，要比自己动手亲自干重要得多。学生既是今天的学生，又是明天社会建设的主力军。所以，培养学生自我管理能力、组织领导能力，不仅是培养优良班集体的需要，更是教育面向未来的具体体现。

第二章　确立班集体建设目标

第三章
建立班级组织结构

　　班集体是一种教育集体，具有巨大的教育力量。班集体不仅是教育的载体，为学生提供个性社会化的机会，能够满足学生归属的需要、活动的需要、交往的需要、社会承认的需要和自我发展的需要等，促进学生个性的健康发展；而且是教育的主体，具有健全的组织机构和班级核心，能够开展自主教育。

　　由此可见，班集体组织建设的主要任务是健全班级组织机构，形成班集体核心，引导班集体内各种组织健康发展。

第一节 班集体组织结构

班集体是按一定的组织机构形成的，并且有相应的组织形式。班级组织的微观建制一般分为三个层次，即班主任、班委会和团支部。班主任是班级组织的负责人，不仅是全班学生的教育者，也是班级组织的管理者和领导者。以班主任为中心，由学校党政领导和任课教师组成的教师集体，也是班级组织的教育者和管理者。由学生干部组成的班委会，是班级管理的重要力量。班级的基层组织是团支部。团支部受学校党支部和团委的领导，在班级里主要做学生的思想政治工作。班里还分若干小组，各组推选1~2名组长，负责带领全组学生完成各项工作任务。

我国中小学的班级组织有一些典型的组织结构形态，下面对其进行介绍。

一、直线式结构

直线式结构借鉴军事管理的组织结构，结构形式相对简单，其构成要素主要是班主任、班长和组长，其关系为：班主任——班长——组长——学生。

直线式结构采用自上而下的直线管理方法。它的特点：一是权力集中，指挥统一，由班主任控制整个班级组织，有利于规范管理，提高工作效率；二是目标明确，意见统一，班级活动计划的制订、组织、实施、过程控制、考核评比等都由班主任具体负责；三是班长、组长在班主任的安排和指导下开展工作。一般说来，学生在接受班主任领导的同

时，要服从班长和组长的领导，这有利于统一管理和安排工作。

直线式结构的不足：一是由于权力过分集中，班主任难免疲于奔命，顾此失彼；二是班干部在班主任控制下开展工作，缺少独立意识和个性特色，不利于班干部独立工作能力的培养和提高；三是目标确立、计划制订以及管理过程中没有学生参与，容易造成与学生的实际脱节。直线式结构适用于人较少的班级和低年级。

二、职能式结构

职能式结构是在直线式结构基础上发展起来的。它是根据班级管理目标、管理内容及分工的需要，在班长和组长之间设立中层职能管理人员，进行直线职能分工管理。

职能式结构的特点：一是按组织目标和内容配备专业管理人员，使班级管理更加专业化；二是配备中层职能人员，缩小管理跨度，有利于班主任从事务工作中解脱出来，提高管理效率；三是担任中层职能工作的学生都具有一定的特长，学生之间的特长互补可提高班级管理的整体水平；四是学生参与管理，不仅可以培养其组织能力、协调能力，还可以调动其积极性，发挥主观能动作用。

职能式结构存在的不足：一是由于班级组织活动内容的分工管理、具体操作都由中层职能人员进行，从而可能削弱班长的职能和作用，班级整体管理效果会受到影响；二是各职能人员容易造成本位思想，增加班级管理中整体协调的难度；三是职能人员配备太多，容易造成责任不清、人浮于事、相互扯皮等现象，影响工作效率；四是团支部的职能相对弱化，不利于发挥应有的作用。

三、直线职能式结构

直线职能式结构把班级管理人员分成两类：一类是班委会，一类是团支部。班委会负责常规管理，配合、协助班主任贯彻落实学校的教育教学计划，完成班级工作计划及政教处的临时任务，开展学习、文艺体育、劳动卫方面的工作，维护和保持班级正常的教学秩序。团支部的主要任务是完成校团委交给的任务，组织学生进行政治理论学习，做好学生的政治思想工作；开外活动；利用班级宣传阵地，如黑板报、班报、学习园地等，进行正确的舆论引导。

直线职能式结构的特点：一是实行班委会和团支部分工负责制，使中层分工专业化和科学化，有利于实现班级管理目标；二是加强班委的职能，有利于在日常管理中发挥主体作用；三是突出班级团支部的地位，使团支部在班级中充分发挥模范带头作用。

直线职能式结构的不足：一是班级管理中班委和团支部存在交叉管理，如果意见不统一，容易出现分歧；二是班委和团支部有些岗位重叠，如班委中的文体委员和团支部里的宣传委员，容易造成工作冲突和扯皮，影响工作效率。

四、平式结构

平式结构是在直线职能式结构的基础上再增设两个部，即纪检部和学习部，使其与班委、团支部平行，学习部下设各学科课代表。

平式结构的特点：一是由于采用扩大管理跨度和减少管理级数的形式，使由下到上的依赖性有所降低；二是扩大了管理跨度，可淡化班主任的管理意识，强化服务指导意识，更好地培养学生自我管理、自我教育的能力；三是突出学习的重要性，充分发挥课代表对学科学习的带头作用；四是增设纪检岗位，发挥组长的管理作用，实现学生自治。

平式结构的不足：一是管理队伍的扩大，增加了班主任管理指导的难度；二是岗位设置多，工作容易流于形式。

可以看出，每个模式都有其自身的优缺点。班级采用哪种模式，要根据班级的实际情况而定。再则，模式不是一成不变的。为了实现班级组织目标，应不断改变结构形式，设计出适合自己班级特点的最优组织结构。

班主任在设计组织结构模式时需要注意这样几点：第一，更换、合并、撤销班级组织构成要素时，要有利于实现班级目标；第二，在明确分工、密切协作的前提下，要严格岗位责任制；第三，岗位设立要有利于调动学生的积极性，培养提高学生的能力，实现自我管理、自我教育之目的；第四，班级管理组织结构要相对稳定，但也要根据班级的发展变化和学生的思想、生理、心理、品德及能力状况进行调整，坚持动态地适应变化了的各种内外部环境；第五，为了提高班级全体学生的能力，在组织结构形式不变的情况下打破"终身制"，可实行班干部轮换制。

第二节　班集体组织的构建

龚自珍有诗云："我劝天公重抖擞，不拘一格降人才。"其实人才本来就是不拘一格的，只不过彼时彼地没有合适的土壤而已。班主任在强调"精英"打造的同时，要认识到班集体组织建设的目的是为了实现$1+1>2$，即整体大于个体之和。只有个体得到充分的发展，各种正式和非正式组织协同合作，才能促进班集体的形成和发展。从这个意义上说，班集体组织是各类组织成员的"训练场"，是他们各展才艺、各呈异彩的"舞台"。

加德纳认为，每个人的智力都有独特的表现形式，每一种智力都有多种表现形式。班主任要运用多元智能的理念开展组织建设，使学生有更多的机会展现其优势智能，使每个学生都能以适合自己的发展方式为班级增光，使人人都在工作中体会到成功的喜悦。

根据心理学对群体概念的划分，班集体组织可分为正式组织与非正式组织。正式组织是根据组织章程或正式规范而建立起来的。正式组织的成员之间存在着从属关系或平行关系。按照巴纳德的观点，"正式组织的实质就是有自觉的共同目标，当人们彼此相互沟通、都愿意发挥作用、分担后果所欲完成的目标时，正式组织就成立了。"

正式组织具有三个基本特征：目的性、正规性和稳定性。班委、少先队中队委、团支部属于正式组织的范畴，它们又各成组织体系，每个组织体系内还设有分工职能不同的小组或小队。按照巴纳德的观点，没有自觉的共同目标的任何联合的个人活动称为非正式组织。

与正式组织相对应，非正式组织的基本特征是：自发性、内聚性和不稳定性。非正式组织是根据兴趣、爱好、特长、性格等个性特点自发形成的小群体。非正式组织的产生似乎与正式组织目标背道而驰，而实际上是正式组织的必要补充。"这是因为，只有给个人以某种活动领域，在那里他可以自我选择，不受正式组织非个人化的目标的支配而独立做出自己的决定，组织成员作为个人的人格才得到保障，他才能有可能不断地为正式组织贡献自己的力量。"

基于以上认识，重视班集体的组织建设，首先要建设一个坚强和谐的班队组织。同时，要允许并鼓励积极向上的非正式组织的存在，以帮助组织进行沟通，增强组织内部的凝聚力，保护组织成员的心智健全发展。

一、明确职责分工，促进"班团（队）合一"

班集体正式组织除了班委会外，小学还有少先队中队委组织，中学还有团支部。班委会的主要任务是协助班主任做好班级日常管理工作。班委一般由班长、学习委员、生活委员、体育委员、宣传委员、文娱委员、劳动委员等组成。班级又划分若干小组，每组设小组长。团支部工作职责主要是带领组织全体学生团员开展团支部活动，有针对性地进行思想教育。团支部一般由团支部书记、副书记、组织委员、宣传委员组成，团支部下设团小组长。少先队中队组织是少先队的基层组织，一般设队长、副队长、旗手，以及学习、劳动、体育、组织、宣传等委员，下设小队。班委会、中队委或团支部在班集体工作中是既各有组织体系，又有工作交叉；既各有侧重，又互为补充。

因此，要根据班集体工作实际情况和学生发展需要，既要整合班委会和中队委或团支部的工作，明确分工职责，各负其责，又要促进"班团合一"、"班队合一"，在班集体组织机构设置和人员配备上整体考虑，做到分工不分家，分工不分心，齐心协力，密切配合，促使班委会和中队委或团支部一起开展工作。

二、增设班级岗位，促进人人发展

苏霍姆林斯基认为："真正的教育是自我教育。"实践证明，任何外在的教育力量和因素，只有内化为学生的自觉需要才可能真正发挥作用。任何教育过程在本质上都是由外在影响向内在需求转化的过程。

因此，把教育管理的主动权还给学生，是引导学生自主参与班级管理与自我管理并在参与中实现自然教育、实现自主发展的关键。为此，可以根据班级实际需要和学生特点增设岗位，使班级岗位多元化，为每一个学生提供为集体和同学服务的机会，让每一个学生都能够在班级管理和服务的舞台上得到锻炼和发展。

丰富班级管理角色，为更多的学生在集体中承担责任、服务集体创造条件。这不仅能增强学生的集体意识和班级的凝聚力，而且能使学生获得班级管理的积极体验，从而激发他们主动参与班级管理的积极性，并在管理者与被管理者的角色转换中学习自我管理。

丰富班级管理角色应该增设管理岗位，除通常的班队干部管理岗位外，还可以设立诸如班级图书管理员、个人卫生督察员、黑板报编辑部、电化器材管理员、每日"实话实说"主持人、知心信箱管理员等岗位，让学生一人一岗，负责班级的某一方面工作。

单一的角色不利于学生的全面发展，而定期进行角色变换，实行角色动态管理，则能使学生在不同的管理岗位上得到多方面的锻炼，从而获得多方面的管理体验和管理能力。

角色动态分配可体现在三个方面：第一，班队每一个岗位，尤其是主要岗位，要定期换岗，原岗位人员留职的不超过1/3，每个人承担一个岗位工作不超过两次。第二，双人或多人负责的岗位，可定期进行分工轮换。第三，不同层级的管理角色可以转换。如出色的小队干部可升任中队干部，中队干部也可降任小队干部，降任者并不一定意味着他不胜任原职，有时降任的目的是为了挪出位子，让其他人也有锻炼的机会。

三、组建学生社团，促进素质发展

学生社团是指由有共同志趣、爱好的学生自愿组成的学生群体，属于学生自我管理、自我教育、自我服务的一种形式。

学生社团根据学生的兴趣、爱好、特长、性格、个性而组建，涉及面很广，学生可以通过参加各种类型的社团，丰富和拓宽自己的知识面，开阔视野，接受人文科学和自然科学等诸多学科知识的教育，以使自己活跃思维，激发创新灵感，适应现代科学学科间交叉渗透和综合化发展的趋势。

学生通过在社团中担任不同的角色，既能锻炼计划、组织、控制、协调、指挥和领导的能力，也能锻炼团结协作、共同攻关的能力。社团活动为学生提供了一个走出校园，了解社会、深入社会、接触社会的机会，锻炼了学生的实践能力与社会适应能力。

班主任可以通过发展社团，在班级中构造起良好的文化环境，塑造浓郁的人文氛围，以促进学生心理的成熟及人格的和谐发展。班主任要

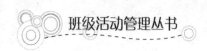

积极引导学生参加健康向上的学科类、实践类和文体类社团活动。对于有突出成绩的社团和在社团中表现上佳的成员，班主任要予以奖励。

第三节　班干部的选拔和培养

良好的班风对于集体的成长是非常重要的。如果说一个班级是一个鲜活的生命，那么，班风就是这个生命的灵魂；如果说一个班级是一个完整的圆，那么班风就是这个圆的圆心。对于一个班集体来说，班风是班级建设的核心。发挥班风的核心作用要求我们抓好学生干部队伍的建设，增强班集体团结奋进的向心力。

学生干部是班级的核心，是学生中的骨干分子，是班主任顺利开展班级工作的得力助手，是沟通师生之间关系的桥梁。正确选拔培养和使用学生干部，不仅有利于班级凝聚力的形成，也有利于班主任组织管理，是建立良好班集体的基础和保证。

一、选择学生干部的标准

1. 具备担任班级干部的基本素质

学生干部应是学生中的优秀分子，有良好的思想品行，热爱集体，关心同学，愿意为同学服务；有吃苦在先，享受在后的牺牲精神；有克服困难和战胜困难的勇气；能时时处处做同学的表率；有较强的组织管理能力和一定的号召力。

2. 要有端正的学习态度和良好的学习成绩

学生干部首先是学生，学生是以学习为主要任务的人。没有良好的学习态度和学习成绩，想在学生中有较高的威望是不可能的。一个学习成绩欠佳的人，也称不上学生中的优秀分子，也就不配做学生干部。

3. 要有健康的体魄和良好的身体素质

不能动辄请病假或休学，这样不仅影响班级干部作用的发挥，也不利于班级工作的开展，更起不到班干部应有的作用。

4. 要有较好的人际关系

班干部与同学之间的关系状况，直接影响班集体组织机构职能的发挥，进而影响班集体建设。

二、选择学生干部的方法

1. 班主任任命法

此种方法适合于以下几种情况。第一种情况是班级组建初期。此时，新生之间互不了解，学生某些方面的特长和才干或者缺点毛病还没充分显示出来。为了便于开展班级工作，班主任可以临时任命几个学生当班级干部。

第二种情况，是在班级干部需要增补时，新增加的学生干部可以由班主任任命。班主任有时会遇到班级干部由于主观或客观原因而无法履行班级干部职责的情况。为了使班级工作正常开展，需增补或更换个别班干，此时可采用班主任任命法。

第三种情况，是班主任为了转变某些具有鲜明个性特长的后进生，发挥他们的一技之长，让他们当班级干部。例如体育优秀的学生当体育

委员，能吃苦耐劳的学生当劳动委员等等。这种利用后进生的优点来克服他们缺点的方法，对于帮助他们树立自信心，克服自身的不足，具有明显的作用。

采用班主任任命学生干部的方法，要特别注意以下几个问题。第一，在任命学生干部之前，要通过查阅学生档案，与学生干部接触与交往，了解他们的情况。使班主任任命的学生干部既能全心全意为同学服务，得到绝大多数学生的认可，又能圆满地完成老师交给的各项工作。第二，对于个别后进生当学生干部一定要慎之又慎。否则不仅不利于后进生的转化，反而会给班级工作带来不利影响。第三，建班初期任命的学生干部任期不能过长。大约经过一个月的时间，在同学之间有了进一步了解，每个人心目中也有了理想的班干人选时，班主任可以采用民主选举法，让学生选举产生第一任班级干部。

2. 民主选举法

通过民主的方式产生的学生干部，能代表大多数同学的意愿，有利于开展班级工作。民主选举学生干部通常有两种情况，一是当班主任发出"安民告示"之后，经同学们反复酝酿，最后采用无记名方式，差额选出学生干部。另一种情况，可以让学生主动报名，参加竞职演说，根据竞选人平时表现和演讲情况，通过民主投票产生学生干部。

3. 轮流"执政"法

为了给每位同学以锻炼自己和施展自己才华的机会，班主任可以采用轮流"执政"法或叫轮流"坐庄"法。这种方法，充分体现了现代人的参与意识，体现了学生高度自觉的班级主人翁责任感，同时，也有利于学生在参与和竞争中培养自己的创新能力和奉献精神。

三、学生干部的培养和使用

与选拔学生干部同样不可忽略的是对他们的培养和使用。学生干部一经确定，便成为班级的领导核心。如何使他们发挥自己的聪明才智，富有创造性地开展班级工作，是每位班主任都必须面对的重要课题。因此，班主任在培养使用学生干部时，应努力做到：

1. 既要教给任务又要教给方法

学生干部既是班级的领导核心，又是班主任的左膀右臂。班级大量而具体的工作要由他们去做。但是学生干部毕竟是学生，他们阅历浅，经验不足，特别是未当过班干部的学生，刚刚走向班干部岗位，不知如何开展工作，有时良好的愿望却收不到满意的结果。

这就要求班主任努力培养，在教给他们工作任务的同时，教给他们工作的方法。班主任可以通过举办班干部培训班，组织定期的学习与交流活动等方式，让学生干部掌握工作方法，使之更好地开展工作。

2. 既要放手工作，又要精心扶持

放手让学生干部开展工作，是培养和使用学生干部最好的方法。实践出真知，实践长才干。班主任只有放手让他们去工作，让他们自己去处理和解决班级中存在的问题，自己去创造性地组织班级活动，他们才能在干中学习，在干中成熟，他们的独立性才能在干中培养。

但是，班主任应根据不同阶段学生思想品质和工作能力从及班级状况（建班时间长短、班级的发展程度、水平）的不同，确定放手程度。一般说来，年级愈高，班级状况愈好，愈可放心大胆地让学生独立工作。反之，则应谨慎。放手让学生干部工作，并不是撒手不管。班主任要当好参谋，当好"后台老板"，要精心扶持，热情帮助，增强他们的主人翁责任感。

3. 既要热情关心，又要严格要求

学生干部与其他学生的不同之处在于，他们除了要完成学习任务以外，还要承担班级工作，从时间和精力上都付出较多。班主任要针对这

一特点，帮助他们正确处理学习与工作的关系。不仅要关心他们的工作情况，更要关心他们的学习和身体。

特别是当学生干部遇到各种困难时，班主任要全力帮助，使他们树立克服困难的信心和勇气，并同他们共渡难关。但是关心不等于放纵、祖护。班主任不论是对学生干部，还是对普通学生都要一视同仁。偏祖学生干部不仅不利于他们树立威信，还会拉大学生干部与学生之间的距离，使他们滋生自满情绪。因此，要在关心学生干部的同时，严格要求他们，使他们健康成长。

第四节　做好团队组织工作

学校共青团、少先队是在学校党组织领导下的中小学学生的群众性组织，学生是学校党组织和行政组织对学生进行教育的有力助手。由于团、队组织的干部都是本班学生，学生年纪尚小，知识尚少，社会阅历肤浅，身心各方面都还很不成熟，需要成年人的指导和帮助，因此，班主任就和共青团支部、少先队组织发生着直接的联系。指导和帮助共青团和少先队开展工作，自然也就成了班主任工作的一项重要内容。

共青团、少先队工作是学校教育工作不可缺少的组成部分。共青团、少先队的性质任务决定了她是班集体的核心力量，是班级中各项活动的积极支持者和参加者。要建立一个坚强的班集体，树立良好的班风，组织同学搞好学习，就必须充分发挥好班上团、队组织的作用。班主任在工作中应充分依靠班里的团、队组织，根据团、队组织的特点，积极支持和引导团、队干部开展好各方面的工作，当好团、队组织的参谋。

一、帮助团队组织开展工作

1. 帮助团队组织制定和实现工作计划

班主任在制定班级工作计划时，要考虑到团、队组织的活动，将团、队组织的活动作为班级工作内容的一部分。同时，也要帮助团、队组织制定好工作计划，协调团、队的活动与班级的工作，使班级工作与团、队活动步调一致，还要帮助和指导团、队组织寻找实现计划的方法和途径，和团、队干部一起研究、协商、选择和安排团、队活动的程序和步骤，帮助他们解决活动中遇到的各种困难，更好地实现预定的工作计划。

2. 指导团队干部加强自身建设

团、队干部是团、队组织的带头人，是团、队各项活动的直接组织者和领导者。团、队干部自身素质的水平如何，将影响到团、队组织作用发挥的程度。因此，班主任要帮助团、队干部提高思想认识，培养和锻炼学生的工作能力。

尤其是队干部和低年级的团干部，更应对他们进行具体的指导和帮助。在研究班级工作时，要征求学生的意见，充分考虑和吸收学生的建议，对学生的工作成绩要及时给予表扬或鼓励，对工作中的失误，要进行适当的批评，并帮助学生纠正失误，要耐心、认真地培养学生独立完成工作任务的能力，以便更好地发挥学生的模范带头作用。

3. 协助团队组织搞好人际关系

班集体的人际关系影响到班级工作的质量，作为一个好的班集体，应有和谐、融洽的人际关系。从现实情况来看，团、队组织和同学关系不融洽的原因主要有两方面：一是团、队干部骄傲自满，看不起一般同学，不愿去帮助其他同学；二是同学看见某些团、队干部存在着缺点错误，因此产生不服气心理，不愿和团、队干部接近，从而使团、队干部和同学之间产生隔阂，影响了班级成员的团结一致。

所以班主任要重视团、队干部和同学的关系问题，协助团、队干部关心群众，帮助学生树立良好的威信；同时，也要说服、动员同学积极参加团、队组织的活动，热情支持团、队干部的工作。另外，作为班主任，还要积极为团、队组织挑选和培养积极分子，做好组织的发展工作，关心团、队组织的建设。

4. 指导团队过好组织生活

团、队组织生活是团、队活动的重要内容，也是团、队组织对其成员及同学进行教育的有效途径。班主任应为团、队组织开展活动创设有利条件，提供各种方便，帮助团、队组织开展好各种有意义的教育活动，不仅要号召同学积极热情地参加各项团、队活动，而且，必要时，班主任也要亲自参加团、队组织的重要活动，并给予具体的指导和帮助，以保证团、队组织活动的顺利开展和进行。

5. 对团队组织的工作给予经常性的检查

尽管班级团、队组织直接受学校党、团组织的领导，不是受班主任的直接领导，但由于班主任是班集体的主要领导者，而团、队组织又是班集体的重要组成部分，所以，在具体的实际工作中，班主任在团、队组织的领导和建设中，仍会起着非常重要的作用。

班主任除了要帮助和指导团、队组织开展工作以外，还要切实抓好对班级团、队工作的检查和监督工作，发现问题，及时解决。既要发挥团、队组织在班集体中的模范作用，又要经常督促和指导团、队组织开展工作，帮助学生克服工作上的失误，及时总结经验教训，推动团、队工作迈上一个新的台阶。

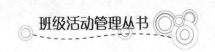

二、班主任指导团队工作的原则

1. 活动原则

班主任要帮助团、队组织开展多项活动，借助于活动来增强团、队组织的吸引力，在活动中，使团、队干部受到培养和锻炼，使群众受到教育。活动是团支部、队委会工作的基本内容，也是班主任的重要指导原则，团、队活动主要是学习活动，其次是文体活动及其他一些辅助性的课外活动。团、队组织通过开展丰富多彩的活动，可以帮助团员、队员确立共产主义的理想信念，掌握实际本领，增强团、队组织内部及团、队组织和群众的凝聚力，帮助班级搞好各项工作。

2. 创造性原则

为适应社会主义现代化建设的需要，培养国家需要的新型人才，在团、队工作中，应开展以培养创造型人才为主要培养目标的活动。班主任应增大和指导学生用新思维、新方式去分析问题、解决问题，用创造性的思路来设计和组织各项活动，积极鼓励和支持学生大胆创新，勇于开拓，打破旧思想的束缚，充分发挥中小学学生敢想敢干的特长，培养学生创造性的才能，决不能拘泥形式，故步自封。

3. 自我教育原则

中小学学生思想品德的形成和发展，是学生自我意识和外界力量相互作用的结晶。其中，自我意识起着很重要的作用。学生的自我教育、自我评价是学生进步的内在动力。班主任要加强对学生自我教育能力的培养和训练，通过指导团、队成员阅读进步书籍、访问模范人物、专题讨论、参观、座谈等形式，来提高学生自我教育的能力，使团、队成员逐步学会实事求是地分析和评价自己，培养坚强的自我意志，树立良好

第三章　建立班级组织结构

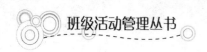

的道德风尚，成为一个身心健康的全面发展的合格人才。

4. 协调原则

班主任对班级团、队组织的工作，应起协调和指导作用，既不能大包大揽，搞包办代替，又不能撒手不管，放任自流。既要协调好团、队组织内部的关系，又要协调好团、队组织和其他群众组织及班级成员的关系。实行自我管理，自我建设，使班级的整体工作能在和谐统一的原则下得到全面的发展。

5. 因材施教原则

班级团、队组织的成员，尽管大多都是班级的佼佼者，但由于种种原因，每个成员的学习、思想状况也会有很大的差异，因而，班主任在指导团、队组织的工作时，要针对每个成员的具体情况，实行不同的教育方式，要因人制宜，区别对待。对起积极作用、表现好的团、队干部或成员要及时表扬和鼓励，对有缺点的团、队干部或成员要给予中肯的批评和热情的帮助，善意地指出学生的缺点错误，并想办法帮助学生改正错误。对不称职的团、队干部要及时地进行撤换，以保证团、队组织的纯洁性和模范性。

三、团队组织工作的艺术策略

从小学升入初中的学生大多是少先队员。初一年级的学生，环境比较生疏，学习经验不足，因此，班主任应亲自参与对少先队中队的指导工作，帮助学生拟定中队工作计划，创设各种有利条件，帮助学生实现预定计划。同时，还要做好总结考查工作，帮助学生总结经验，及时发现问题，改正自己在工作中出现的失误。另外，班主任还应充分利用自己的条件，去影响、吸引有关的科任教师一同来参与少先队的工作，保证少先队工作的顺利进行。

到了初二年级，班主任应不失时机地帮助和引导少先队中的积极分子入团，充实共青团的力量，满足学生入团的愿望，当班上已有部分同学加入团组织后，可在班级建立团小组或团支部，并对团组织的工作给予热情的指导，对团组织的活动进行检查和监督，启发和引导学生开展批评和自我批评。

班主任在吸收学生入团时，应避免以下不正确的做法：一是整批入团。不考虑学生的情况和入团条件，盲目地、成批地吸收学生入团。这种做法势必会损害共青团的威信，降低入团学生的自豪感、荣誉感；二是只根据学习成绩来吸收学生入团，只吸收那些学习成绩好的学生入团，而将学习一般但在其他方面表现优秀的学生拒之于团的大门之外。这种片面看问题的思想，不利于对学生的全面培养和教育，会使学生产生"只要学习好，其他方面差也没关系"的错误想法，影响团组织的纯洁性；三是入团采取包办代替的办法。用班主任的职权和威信来包办学生的入团工作，只会对团组织的民主原则带来破坏性的作用，对以后入团的工作和班级工作带来不利影响。因此，学生入团应遵循自主自愿的原则，充分尊重学生本人的意愿，决不能搞包办代替。

学生到了初三以后，班级团组织的活动已基本走上正轨。团干部也已有了一定的组织管理能力。因此，班主任此时应放手让团干部自主地进行工作，尊重学生的独立性和创造性，遵守团组织的民主生活原则，充分考虑学生的兴趣和意愿，依靠团干部和积极分子来开展工作，班主任只起协调和指导作用，以便使团干部和积极分子得到充分锻炼和成长。

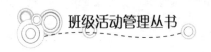

第五节　组织建设的注意事项

　　真正的班集体组织应该是团结、和谐、向上的，它是青少年学生出巢练翅、由小家庭走向社会大家庭的驿站，是促进中小学生全面发展和个性社会化的一个"理想家园"。为了使班集体内人人有机会成为班级的管理者，个个得到锻炼发展，可从以下三个方面人手开展工作。

一、打破班干部终身制，实行定期改选或轮换

　　"火车跑得快，全靠车头带"，一个班集体中，必须有一部分热爱集体又有较强工作能力、自身素质较好、在集体中有一定威信和影响力的学生组成的班干部队伍，形成班集体核心。通过他们团结协作和带动其他集体成员，相互沟通信息，协调运作，开展集体工作。

　　打造一支优秀的班干部团队，是班主任工作成功的关键因素。在班干部队伍建设上，有很多班主任仍继承传统，采用任命制和终身制，这种方法虽便捷省事，但随着年级的上升，弊端就显现出来了。

　　对全体学生而言，有很大一部分学生永远都没有机会成为班干部，永远都没有机会参与到班级的管理，学生的积极性不能被充分调动。对班干部而言，他们是班级的形象代言人，始终有着优越感，容易形成特权思想。而且长时间的班级管理，也会引起一些班干部消极怠工，感到班级工作的乏味。对班主任而言，处理好班干部之间的关系、班干部与其他学生之间的关系成了棘手的事。特别是现在的中小学生，他们很有想法，他们会因为有些班干部的无能而感到不服气，他们会因为自己的

英雄无用武之地而感到沮丧，甚至会产生对立情绪，影响到班级的和谐发展。

采用班干部竞聘制和轮换制，对所有的学生都是一种促进。定期竞选，每人都有机会。在民主的基础上从学生中选出品学兼优、作风正派、关心集体、有一定组织能力、在同学中有一定威信的学生担任班干部，通过这样的途径推选出的班干部才会受到学生的尊敬和信服，从而有力带动全班同学共同前进。

当然不能忽视有潜力的积极分子，班主任平时应留心观察发现和培养一些积极分子，鼓励他们竞选班委，对一些不负责、不能严格要求自己的学生，要给予压力，限期改正，这样做，能保持班级管理层不断更新，保持活力，使更多的优秀学生有担任班干部的机会，得到锻炼。在一个班集体里，可以成为班干部的积极分子越多，集体的自我教育作用就越大，集体的发展水平就越高。

二、引进竞争激励机制，对班干部进行动态管理

在班集体组织建设中引进竞争激励机制，是培养会学习、会生活、会创造的新型人才的有效途径，有利于提高学生参与班级管理的积极性，有利于形成民主管理的氛围，有利于主人翁意识的形成。通过优胜劣汰，让每个学生都有一种危机感，不甘落后，迎头赶上，在"比、学、赶、超、帮"中营造"一枝独秀不是春，百花齐放春满园"的良好氛围。

学生好胜心强，喜欢竞争，采用激励性的方式进行竞选，能很好地激发他们投身班级管理的热情，促使他们全身心地投入。实行班干部竞选制是一种激励发展的好办法。比如，班干部的产生打破原有惯例，采用月月竞选制。

在竞争过程中，班主任要注意以下几个问题：培养竞争意识，激发竞争愿望。竞争意识是形成竞争品质的前提。班主任应抓住良机，用主

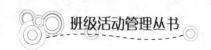
人翁精神开启他们的心扉，引导他们明白有竞争才会有进步，班级管理才能逐步完善；明白只要你努力，你就有机会；明白竞争是争当小主人、为集体和同学服务的好机会。从而把竞争意识注入学生心灵深处，激活并诱发他们的求知欲、好胜心和参与竞争的强烈愿望。

三、开展兴趣小组活动，促进班集体非正式组织百花齐放

丰富多彩的活动，可以让学生的才能得到展示，交往的品质、活动的能力得到提高，积极进取、顽强拼搏的精神得到培养。班主任可以引领学生开展各项活动，如开展文娱活动、手抄报评比活动、安排值日生工作、建立学生自主进行班级情况汇报制度等。

在各类活动中，要求大家尽自己所能，提出目标，不断提高和超越自我，同时为班级争取荣誉，注意加强团结互助，发挥集体智慧和力量，最大限度地发挥协作精神。各类活动可以增进学生之间的友谊，为形成班级凝聚力搭建桥梁，又使学生心情愉悦，对班级产生自豪感、责任感和集体荣誉感。

总之，班集体的组织建设可以有各种各样的思路，让我们在实践中探索总结行之有效的方法和经验，使班级管理工作水平不断跃上新的台阶。

第四章
用制度来管理班级

　　没有规矩不成方圆，有了班集体制度才能更好地进行班级管理。何谓制度？制度是人们在行为中共同遵守的办事规程或行动准则。班集体制度具有客观性，在班级范围内具有普遍的约束力和强制性。从制度存在的形式来看，制度包括正式制度和非正式制度。前者主要指与社会生活直接相关的、各种正式的成文制度，而后者则指各种不成文的、非正式的习俗、惯例等潜规则。

　　制度建设与人性化管理本身并不存在矛盾。前者是后者存在的前提条件，后者则是对前者的一种有效补充。班集体建设应将刚性管理与柔性管理有机结合起来，做到刚柔相济，往往能带来事半功倍的效果。

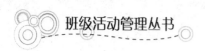

第一节　班集体制度的价值取向

谈到班集体的制度建设，我们的直观感觉是，班集体并不是缺乏制度，事实恰恰相反，班集体的规章制度实在是有些太多了。并且，有相当多的班集体制度，都事无巨细地规定了学生们在各种场合下，不能做的事情。已经存在的各种班集体制度中，一个普遍性的现象是，制度的语言大多采用禁令式的权威语言。

实际上，这种类型的语言很容易过于关注学生言行的"是非"，而忽视与学生心灵的"共鸣"；过于强调对学生的惩罚，而淡薄对学生的激励。用这类语言表述的班集体管理制度是一种被动的、约束型的管理，容易给学生一种误导，即制度是对人的意志与行为的约束与防范，忽视对人格尊严、生命意义的体认。

约束型的班集体管理制度执行时间长了，学生易产生抵触情绪。著名教育家斯宾塞曾指出："记住你管教的应该是养成一个能够自治的人，而不是一个要别人来管理的人。"要让学生真正形成规范意识，内化成自觉的行为，光靠简单的分值考核等刚性管理还远远不够，更重要的是激励机制与正面引导。

一、班集体制度中存在的问题

禁令式的权威语言常表现为指令性语言，如："不迟到、不早退，不无故旷课、缺席。迟到、早退，每次 - 1 分；旷课，每节 - 4 分"、"严禁抄袭作业，凡抄袭作业者和提供者，每人每次 - 3 分"、"不能在教室里随意走动、打闹、讲话，更不能无故离开教室"、"不服从班委安排者，每次 - 2 分"等等。言下之意，学生将会迟到，将会抄袭作业，将会在教室里随意走动、打闹、讲话和离开教室，将会不听从班委的正确安排，其实质是对学生能力潜意识上的怀疑和否定。

西方管理史上有一种"经济人"的人性假设，对管理实践产生过重大影响。"经济人"假设的主要观点有："多数人天生懒惰，尽量逃避工作，胸无大志；甘愿受人指责，不愿负任何责任；多数人都是自私自利的，必须用强制、惩罚的办法才能迫使他们为达到组织的目标而工作。"许多班级管理条款的出台，都是受到这种人性假设的影响。即把学生看成是"经济人"，认为学生天性懒惰，逃避学习，缺乏责任感，其行为主要受外在利益的驱使，学生会因规避风险而规范自己的行为，因此，教师可用这些具体可操作的奖惩措施来约束学生。

受这种人性观的影响，班主任不仅在制度的制定方面会采用禁令式的权威语言，而且在执行当中也不知不觉在"约束人"的管理理念下将学生置于被动的受管理者地位。这种管理制度凭借制度约束、纪律监督、奖惩规则等手段对管理对象进行管理，体现了刚性的科学管理特征。从管理工作的实际效果来看，刚性的科学管理尽管有维持组织正常的工作秩序、方便考核的优点，但过于强调制度的约束功能则会使学生缺乏独立性、自控能力低，限制了学生的自主管理能力，忽视了学生的个性关怀。

比如学生迟到，也可能存在合理化的理由，但在僵化和缺乏关怀的制度下，学生毫无辩解的机会，学生不得不服从，因为不服从管理，又会违反"不服从班委安排者，每次 - 2 分"和"顶撞老师者，每次 - 2 分"的"纪律"，人的个性、思想和情感受到极大的限制，学生对班级制度的认同将会受到严重的影响。

另外，班集体管理制度中的奖惩情况中还有一个失误，那就是奖罚失谐。罚的项目几乎包含了全体学生在校内的方方面面，全方位约束着学生的言行举止，具体而详尽；奖的方面却相对狭窄，主要奖的内容

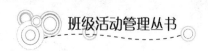

有：学习成绩出色或进步很大，为集体带来荣誉，或有着怎样突出的表现。相对来说，这些奖的内容重点关照了少数学生的少量行为：成绩好的、班干部和有特长的学生。而且，从分量上看，罚得重而奖得轻。

这种管理制度显然服务于"应试"教育。其优点在于可能在较短的时间内形成班级的学习秩序，规范学生的言行，却过于强调了统一的学习模式和对文化成绩的追求。如"早修、自习课、午休期间，教室里要保持安静，不能在教室里随意走动、打闹、讲话，更不能无故离开教室"，等等。安静的环境是否对所有学生的学习都有利呢？教育专家早就提醒过教师，不同的学生有不同的学习风格，需要不同的学习环境。过于强调统一的学习模式显然不利于某些学生的学习。

在这样的教育管理中，学生的个性发展会受到全面的压制，创造性和个性甚至会被扼杀。这样的班级管理，与初衷相距甚远，这不能不让人思考。

二、班集体制度建设的类型

制度建设是班集体有效管理的重要一环。制定制度的目的是为了保障学生全面自由地发展。班主任制定班集体管理制度时，一般会有以下两种情况。

1. 控制型，强调制度的约束力

不少班主任热衷于制定各种形式的量化考核细则、综合考评条例等，并利用规章制度对学生进行有效的控制。这种控制型规章制度好比一个班级的法律，具有很强的约束力。

管理的结果是对班上所有学生进行"量化管理"，富有艺术性的班级管理具体化为以分数定量的机械划分，班主任的工作变成机械操作，统一的指令即可解决学生的问题。这样的班集体制度会导致在班级中出现一种管理主义的倾向，制度权威的维持变成一种目的。

在这种氛围里，班主任只关心如何矫正学生表现出来的形形色色的错误行为与利己意识，学生干部只从事监视活动，行使着警察的职能。在这样的监视下被动地遵守各种规章制度的学生，其主体意识被压抑，缺少主动发展动力和能力。因此，这种类型的班级制度对学生的长远发展显然不利。

2. 人文型，强调制度的激励机制

有些班集体规章制度多设激励机制，减少惩治手段，对学生量化考核多加分少扣分，或者对学生进行人性化的惩罚，如罚上台表演节目、罚写说明书等。相对于控制型制度，人文型制度则是"以人为中心"，即尊重、理解和信任学生，给学生以更多的关怀。

这种管理制度的用语不会是冷冰冰的，更多的是充满人情味的启发、诱导与激励。在这种制度氛围里，班主任在积极人性观的指引下，尊重学生的个性，以生为本，民主管理。学生由"监督对象"成为教育管理的主体，能充分发挥学生的主体性，培养学生自我管理、自我教育能力，又能提高学生的民主意识，促进学生健康人格的形成。

三、班集体制度建设的价值取向

当然，没有有约束力的班集体管理制度，班级教育教学就不能正常运行，可能沦为一个秩序混乱的乱班。班主任应和学生努力建设一个和谐向上的制度环境，让每一个学生都在受约束的同时得到激励和发展。和谐向上的班集体管理制度应体现怎样的价值取向呢？

1. 班级管理制度要由师生共同参与制定

一般人对于经由自己协助、参与所建立的规定，通常会认为比较合理，也会乐于去遵守。陶行知在《学生自治问题之研究》一文中说过："有的时候学生自己共同所立的法，比学校所立的更加近情，更加易

第四章 用制度来管理班级

行，而这种法律的力量，也更加深入人心。……自己共同所立的法，从始到终，心目中都有他在；平日一举一动，都为大家自立的法律所影响，所以自己所立之法的力量，大于他人所立之法；大家共同所立之法的力量，大于一人独断的法。"

因此，在班级制度生成的过程中，必须充分考虑学生成长和发展的合理需求，体现出对全体学生的尊重，并在班主任的正确引导下由学生们自己生成，进而达成协议，这样制定出来的班级制度才符合班级自身的特点，才具有真正的权威性和凝聚力。

2. 班级管理制度要使用人性化表述语言

禁令式的班级管理制度仅从其语言表述上看使用的多是禁令性的语言，如"不能"，这些词语体现不出协商与尊重，体现不出师生间的平等。因此，班级管理制度的用语尽量要人性化，避免出现"严禁"、"不"等词语，代之以"请"、"需要"等更具人情味的词语，使学生易于接受。比如"（学生）不能在学校内吃瓜子、口香糖和泡泡糖，不能在教室里吃零食"、"遵守课堂纪律，上课期间凡持有手机的同学必须将手机调至静音或关机状态"，这种类型的班规就可以改为较有人情味的词语，如"为保持教室的干净整洁，请同学们不要在学校内吃瓜子、口香糖和泡泡糖，请不要在教室里吃零食"、"请同学们遵守课堂纪律，上课期间请持有手机的同学将手机调至静音或关机状态"。

3. 班级管理制度要具有针对性和激励性

由师生共同参与制定并不意味着制度生成的随意性。制定班级制度要有的放矢，有针对性。如果规章制度仅仅泛泛而谈，没有明确的指向和规定，纵然制度和纪律再多，也无助于达到规范教育的目的，相反只能导致学生对规范的无所适从和轻视。

班级管理制度也不能仅仅体现学生必须做什么和不该做什么等强制性的一面，更重要的是要发挥激励规范作用，使学生主动向更高的方向去努力。因此，班级管理制度应有罚有奖，罚要温和，奖要及时，重在教育。一种充满温情的处罚，是奖给他一个改正错误、赢得大家谅解的机会。

第二节　班集体制度的制定流程

班主任通过制订和执行规章制度去管理班级的经常性工作，这就是制度管理。规章制度是学生在学习、工作、生活中必须遵守的行为规则。它能够保证班级工作有秩序、有成效地进行，使学生的行为规范化，提高班级工作的效率。

一、实施制度管理的步骤

1. 制定细则

根据《学生守则》和学校各项管理要求，从本班实际出发拟定各项制度的实施细则，如学习制度、卫生制度、爱护公物制度等，内容要明确具体，文字要简明扼要，使学生便于掌握和记忆，利于贯彻执行。

2. 注意让每个学生了解规章制度的内容和意义

通过各种宣传形式，提高为学生执行规章制度的自觉性。实行一项新的规章制度要进行思想动员。即使是已经实施的规章制度，也应根据情况作出新的说明和要求，使学生懂得怎样做，为什么要这样做。

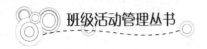

3. 严格要求，认真检查评比

各种规章制度公布执行后，就应严格检查评比，以便及时发现问题，作相应的调整。检查评比中，要贯彻班级成员在制度面前一律平等的原则，严格按要求办事，保证规章制度的执行。

4. 反复训练，形成习惯

要把执行规章制度和规则变成学生的自觉行动，需要进行长期严格的坚持不懈的教育和训练，使之形成学生的习惯。

二、班集体制度的内容设定

美国教育家杜威就主张"教育即生活"。我们没有人愿意生活在一个禁锢的环境里，更愿意介入丰富多彩、形式多样的生活。班集体制度的内容设定应力求做到以下四个方面。

1. 符合法律法规和有关规定

班级规章制度在内容上要以《中学生守则》、《小学生守则》、《中学生日常行为规范》、《小学生日常行为规范》以及学校的校规校纪为依据，绝不能与国家的教育政策、法律法规相冲突。特别是在奖惩制度中，绝对不能有罚款的内容，不能有侮辱学生人格尊严的内容。在这方面，魏书生老师做得非常好，在他的班规中，用罚写"说明书"、罚唱歌、罚给班集体做一件好事等规训手段代替了冷冰冰的罚写"检查书"、扣个人量化分、罚劳动等做法，这样，既有教育警示作用，又特别人性化，值得大家学习。当然，写说明书也不要写得太多，不能成为变相体罚。

2. 结合本班的实际情况，具有可行性

每一项条例都要符合班级的实际情况，有较强的操作性，那些不能

操作的规章制度宁可不制定，因为个别的例外可能会损害整个班级规章制度的严肃性，给制度的执行带来不利的影响。那些个别的例外可以遵循学生和教师的集体智慧，具体情况具体分析，灵活处理。

3. 体现制度的宽恕精神，具有弹性特征

学生是不成熟的人，社会经验少，犯错是正常的、经常的，不犯错的学生反而不正常。班级制度应该给他们不断犯错的空间和时间，逐渐少犯错、不犯错。其实，制度制定的目的也并非要杜绝学生犯错误，而是在于引导学生认识错误和改正错误。因此，班级制度的设定要体现宽恕精神，具有弹性化特征，给学生改正错误的机会，减轻犯错误之后的紧张感，这样才能收到长期的教育效果。

4. 协调好制度内容的全面性与简约性之间的矛盾

制度内容要依据班集体建设发展的实际需要确定，具有层次性。所谓层次性，对不同阶段的班集体要提出不同层次的要求，使之既符合不同阶段学生的身心特征和年龄特征，又符合其发展的客观规律。班集体组建阶段，班级还是一个松散的群体，此时秩序最重要，因此，纪律制度、卫生制度是最重要的。班集体初具规模阶段，班级骨干力量已较明显，哪些学生可以成为班干部，哪些学生是班级中的积极分子，班主任已心中有数。此时，可以开始建立班级岗位责任制度，相应地可以建立监督评价制度和奖惩制度等。随着班集体建设的发展，除了这些基本制度之外，还可以根据班级工作中出现的一些特殊情况制定一些特殊的制度和规范。尽管我们要求班集体制度尽量全面，但每一次不要定太多的制度条例，每项制度 5 ~ 10 个条目为宜。

三、如何进行民主管理

班级民主管理的含义是运用民主集中制的方法，使班级成员参与管

理并发挥其主体作用；同时每个班级成员又要服从班集体的正确决定，承担起各自的责任。只有依靠全班学生发挥高度的积极性和创造性，人人具有主人翁态度和负责的精神，才能取得班级管理的最佳效果。班主任运用民主管理的方法，应做到以下几点：

1. 组织全班学生参加全程管理

具体表现在四个方面：第一，计划阶段。班主任可引导学生就确定目标和制定实施目标的措施等问题展开讨论，并以班级学生参加讨论的广度和深度作为民主管理水平的一个标准。第二，实施阶段。应注意发挥班级中各种组织、每个学生干部的作用。第三，检查阶段。应做到班主任和全班学生相结合，在师生共同参与下进行检查评比。第四，总结阶段。班主任要和全班学生一起，对班级工作情况进行评议，总结经验教训，探讨管理规律。

2. 创造民主氛围，把班级的民主管理渗透到各个方面

实行值日生、值周生制度，开展日评、周评、月评活动；建立民主生活制度，定期召开民主生活会，班主任、学生干部和全班同学一起，以平等身份参加会议，开展批评与自我批评，培养学生的民主意识、习惯和自我教育的能力。

四、辩证看待制度与人性化管理的关系

现代社会，人们更注重管理的有效性，注重把管理的中心从物转向人，更多地探讨人的需要、价值观、创造性、个性和才能等。"以人为本"的管理思想逐渐确立，人性化则正是这种思想的现实体现。人性化的管理通过激励、关怀、尊重人的价值和能力，以感情联络来调动人的积极性、主动性和创造性。管理的方式从刚性的制度化管理转向柔性的人文关怀。

在人性化管理的实践中，管理者的主要精力和任务是如何确立和处理与被管理者之间的关系，研究调动他们的积极性、主动性、创造性的工作方法。

事实上，在班级管理中所发生的一些问题，并非是制度和人性化管理出现了矛盾，而是管理者或被管理者不能很好地掌握和理解制度所造成的。任何人性化的管理绝对不能以违反或放弃制度为代价，否则就有违管理的初衷。而制度也只有在人性化的管理中，才能得到不断完善和健全。因此，班主任如果着眼于"人"的内在发展需求，把"人"当作教育的目的本身，辩证处理制度管理与人性化管理的关系，班集体制度就一定能建设好。

第三节　班集体制度的实施艺术

在实践中，不少教师都是在学生犯错后，采取了惩戒措施，如罚写"说明书"、罚抄写课文、罚跑步等来惩罚违纪学生，但效果却不明显，甚至学生对教师产生了反感和抵触情绪，如果教师不能改变策略，继续实施惩罚措施，就可能陷入到"违纪—处理—再违纪—再处理"的怪圈。

一、惩戒教育失败的原因

1. 惩戒过度

没有惩戒的班集体制度肯定是不完整的。惩戒教育是班级管理的必

要手段。行为主义心理学认为，人的一切行为都是建立条件反射的过程，要建立某种良好的行为，消除不良的行为，是需要相应的强化的。前者需要正强化，即肯定、表扬、奖励等；后者需要负强化，即否定、批评、惩罚等。

从品德形成的心理过程来看，惩罚也是必不可少的，人的是非善恶观念是在行为中体现出来的，其行为的后果得到道义的支持，就得到了正强化。这是团体压力迫使其中的成员向善的过程，也是个人品德成长及人的社会化的过程。

但是，惩戒教育要把握好度。适度的惩戒可以起到警示、教育的作用，让被惩戒者知晓自己行为的后果，学会承担责任。而过度的惩戒则会在心理上抵消学生的内疚感，让当事人更加心安理得地继续错误的行为。

另外，过度惩戒还会激起学生的逆反心理和破罐破摔的心态，使错误与不良行为愈演愈烈，结果事与愿违。有时候学生多次受到老师的惩戒，可惩戒并没有收到良好的教育效果，反而加剧了其反教育行为，究其原因，是教师的惩罚过度。

2. 惩戒无爱

教育并不回避惩戒。具有教育性的惩戒，必然伴有爱的情感。惩戒应该是善意的，是在学生身心完全能够承受的前提下采取的教育措施，其目的是让受惩罚的人明白自己的错误，并且为自己所犯的错误承担后果。惩戒手段应该从对学生负责、对孩子成长有利的角度去设计和选择，学生最终能心悦诚服地改掉错误，且能增进师生感情。

但是有的教师却借用惩戒之名实施体罚之实，以整治学生为目的，最终损害了学生的身心健康，侵犯了学生的基本权利。

如果教师让学生写"说明书"，总是以侵犯学生的受教育权利为代价，那么必然导致学生误课听不懂、作业不会做、学习成绩差。原本具有教育意义的"抄课文"、"跑步"、"捡纸"等手段由于惩罚力度太重而演变成反教育手段，教师们非但没有意识到，还认为"那是你们活该受罚，你们干吗第一次不完成作业"。除了变相的体罚手段外，看不出教师对学生的"正面引导"。

没有师爱的惩戒只会造成学生身心伤害，激化教师与学生及其家长之间的矛盾。因此，教师要付出更多的爱心，谨慎适度地使用惩戒手段。只有在"温柔"教育方式无效、正面教育方法无果的情况下，才能考虑适度使用惩戒手段。

3. 惩戒随意

比如，有的学生因为一时的某种过错而忘做作业，本是一件简单的违纪行为，按照班集体制度的有关规定，可能只需要写一份说明书就可以了。如果说是第一次忘做作业，甚至可以灵活处理，不作处罚，只要保证下次不要再忘交就行。

但是，有的班主任却像"高利贷"似的衍生出许多其他惩罚性教育行为，让学生不堪重负，最终被迫沦为"差"生。其他惩罚性教育行为显然具有随意性，这种过于随意的惩戒，非但起不到作用，还会带来明显的负效应，给学生带来无尽的烦恼，也使教师的威信丧失殆尽。

二、学生违纪行为的科学处理艺术

学生违纪是班主任经常遇到的问题，如何对学生的违纪行为进行科学的处理，引导学生形成良好的学习和生活习惯，是值得每一位班主任认真研究的问题。

1. 实施"有限宽恕制"

"有限宽恕制"是基于班主任对学生自觉改正错误的充分信任，给学生以理解与尊重，对于学生的违纪行为在一定的限度内给予宽恕，即不予批评，不追究，不处罚，视同没有违反纪律的制度。

许多教育家、心理学家对大量的班级学生行为观察中，发现了一个有趣的现象，那就是典型班级管理中的 80∶15∶5 比例。在典型的班级管理中一般有三类学生：80%的学生很少违反规则，15%的学生会周期性地违反规则，5%的学生是长期的规则违反者，有时甚至会与这些规则作对。这就是班级管理中的潜规则即 80∶15∶5 法则。

在实施"有限宽恕制"的实践中，对于以上三类学生应予以区别对待。对于一贯表现良好、偶尔违反纪律的学生，其轻微的违纪行为，如偶尔迟到一次、早操旷缺一次，班主任都给予宽恕，即不予批评、不追究、不处罚，视同没有违反纪律；实践中这些学生无须班主任提醒，其违纪行为都可以自行矫正。当发现其违纪行为不能自行矫正，违纪次数变多了，就应该对其违纪行为进行处理了。

那些长期违反纪律的学生，往往已经形成了不良习惯，因此，教师就要与这类学生订立协约，采用系统脱敏法，在约定限度内违纪，教师给予其宽恕即不予批评、不追究、不处罚，视同没有违反纪律；达到学校警告以上处分的违纪行为不能约定，不在宽恕范围之内，超出约定范围的违纪行为不能宽恕。如：对于早晚自习迟到的，约定允许其在一周内迟到 3 次，每次不得超过 5 分钟，其他时间必须按时到教室参加早晚自习，第三周开始每周允许迟到 3 次减为 2 次，第五周开始每周允许迟到 2 次减为 1 次，第六周以后取消；早锻炼迟到或者旷缺的，约定允许其一周内迟到或旷缺 2 次，什么时候迟到或旷缺由学生自己选择确定，一经确定不许更改，其他时间必须按时参加早锻炼，一个月以后每周允许旷缺 2 次减为 1 次，两个月后取消。

对于其他经常性违纪的学生也采取类似的做法。在实施的过程中应注意以下问题：第一，班主任要做好其他学生的解释工作，在实施过程中有可能会使其他学生尤其是那些违反纪律受到批评或处罚的学生，感觉到不公平，班主任要做好解释工作；第二，为避免其他学生受到影响，此制度实施的范围和违纪的限度必须严格限制；第三，学生违纪免责的行为，违纪的限度、限度递减的时间，必须明确，一经约定不得修改。

2. 采用"延迟性处理"

近代思想家卢梭认为，"学生的行为若不导致对自身的伤害和对别人自由的妨碍，成年人原则上不应干涉，即不妨任其自由行动。对一些'非原则性小问题'可把握机会，事后宽限处理，不要动辄就严厉惩罚。"

制度的条文是死板的，它的重点是在运用者的灵活变通，使教师与学生之间有共同的依据，所以班集体制度不应当变为教师用来控制学生的工具。班集体制度的制定是在维持班级的秩序，如果我们能够善加利用这门艺术，必能对班集体的发展有所帮助。

3. 教师要以身作则，体现爱的教育

要将班集体制度维持好，必须让学生懂得彼此尊重。教师若要学生尊重别人，则自己一定先尊重学生，尊重每一个学生发展的需要，尊重每一个学生的选择。当学生有侵犯别人的行为发生时，教师一定加以制止、规劝，但教师给学生的榜样才是最重要的。

苏霍姆林斯基为惩罚一个小男孩的好动，将男孩的一只手与他衣服的口袋绑在一起，让他感觉手失去自由的痛苦。然而这一天，苏霍姆林斯基也把自己的手和口袋也绑了起来，陪伴着男孩。男孩经过这一次惩罚，认识了自己的错误，改正了缺点。其实，学生并不怕惩罚，而是畏惧侮辱，两者的区别在于实施惩罚者心中是否有爱，是否让被惩罚者感觉到了爱。在爱的前提下，以不伤害学生自尊心为基点的惩罚是科学的。

4. 在执行上，教师要引导学生的参与

班集体制度是师生共同制定的，因此，学生不仅是班集体制度的制定者，更是班集体制度的执行者。在班集体制度的执行过程中，学生、班主任、任课老师、家长是一个密切配合的团队，其中学生是管理的主体。

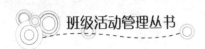

第四节　班集体潜规则的应对

　　小兰是班里的学习委员。上学期，班主任发现班里有学生放学去网吧，就要求小兰负责监督其他同学放学后的去向，并及时汇报。后来，学生上课讲话、抄袭作业等事情也让小兰"监管"并定期汇报。一段时间下来，班主任成了"消息灵通人士"，小兰却渐渐被同学们疏远。自从发现小兰是老师的"小眼线"后，本来两个跟她最要好的女同学也因为大家对小兰的排斥而不理她了。

　　"告密"应该是班集体中教师与学生都熟知的潜规则。不少班主任经常用这种方式来了解班级情况，也有不少学生为了亲近教师成为"告密者"。但"告密者"往往最终成为班级中"最不受欢迎的人"，受尽其他同学的白眼。

　　在学生心中，"告密者"与"叛徒"是联系在一起的，是一种不耻行径，含有贬义成分。学生对它的意义判断往往是从社会主流伦理观的角度分析，这是一种不道德的行为。因此，"告密者"一旦被班级学生知道，势必成为众矢之的。不过，从教师的角度来看，"告密"与"检举"揭发是一种行为。"告密"含有向班主任"汇报"、"告诉"等含义，是一种社会正义感和责任感的体现。正因为如此，班主任比较亲近这类学生。在班级管理中，大多数学生对告密行为有一种近乎本能的反感，这就是一种潜规则。案例中的小兰在班级中的人际关系日趋恶劣的原因，就在于她触犯了这种潜规则，从而受到了压力。

　　对学生来说，不仅要遵守班级中显性的规则，还要遵守许多自己并不了解、甚至不愿遵守的潜规则，这些潜规则也是必须遵守的规则，甚至在有的班级中，潜规则往往是真正实际运用的元规则。

为什么有些班级的潜规则会取代班集体制度成为元规则呢？事实上，任何组织都存在潜规则，班集体组织也不例外。潜规则的存在说明了班集体制度的不完善或滞后。再优秀的班集体制度也不可能涵盖一切问题，达到完善境界。当班集体制度不能发挥有效作用的时候，潜规则就会凸显，起到实际的调节作用。同时班集体的形成与发展是一个动态的过程，在班集体处于发展的突变时期，制度一般落后于班集体的发展，在新的制度还没有建立之前，潜规则就会填补空白并发挥作用。

潜规则是任何一个组织都不可回避的问题，任何的组织都存在一定的潜规则，也就是我们潜意识中自然形成的一种大众都遵守的规则，这种规则的约束有时甚至高于显性的正式规则，不懂或不愿遵守的人会受到排挤与惩罚。然而潜规则也有积极与消极之分，是多元化的，可以分三类区别对待。

一、利用班级舆论的积极作用

班级舆论是班集体认同的潜规则，一定程度上表现为班级凝聚力。它能左右班集体的方向，具有无形的同化力和约束力，对学生的思想、情感、态度和行为产生一种潜移默化的影响。如何营造健康的班级舆论呢？

1. 选拔和培养一批有正气的班干部

班干部是培育健康班级舆论的骨干力量，班主任要选拔是非观念强、有责任感的学生做班干部，这些学生本身就具有一定的影响力和号召力，班干部讲话文明规范，其他学生就少些污言秽语；班干部乐于助人，其他学生就不会袖手旁观；班干部敢于抵制不正之风，班级正气才能抬头。有了一批敢抓真管的班干部，班主任的意图才能在班级得到贯彻，才能形成健康的班级舆论。

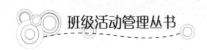

2. 积极引导班集体中的非正式群体

在班集体中，"小团体"常常能产生"从众效应"，即左右或影响全班以至形成一种风气。因此，班主任要善于鼓励并培养可资学习的榜样和中心人物，及时吸收进班委会。对反面的榜样与中心人物，予以妥善限制。

另外，班主任要有意识地将那些处于"双差"地位的学生，组织到适合他们兴趣的有益的"小团体"中，并鼓励品学兼优的学生在"小团体"中发挥榜样作用，提倡进取风气。那么，这些"小团体"的"集体意识"必定成为班级舆论的有益补充，对班级正确舆论的形成起到重要作用。

3. 宣传正确的班级舆论

充分利用班会、班刊、黑板报、标语、口号等阵地或手段公开宣传，或通过主题活动引导培养学生明辨是非的能力，努力使其具有简明清晰的论点和有说服力的论据，使学生自觉地认同正确的舆论。

二、疏引或遏制消极的班级风气

比如，一位成绩较差的学生，上课积极举手发言，却在课后受到其他同学的嘲笑，从此上课沉默不语——因为潜规则：只有成绩好的学生才有资格发言；一位同学被另一位同学打了，于是找机会报复，当老师担心他们冤冤相报何时了，分别找他们谈话时，却得知不会再发生纠纷了——因为潜规则：各打一次，扯平了。

这些消极的潜规则会侵蚀学生的规则意识：上课积极举手发言；同学之间应相互友爱，不得打架斗殴。对这类潜规则，班主任要对学生加强教育、疏导，甚至于遏制。

三、正确对待中性的潜规则

像告密这种中性的潜规则,既具有社会存在的合理性,又有被世俗排斥的不合情性,班主任要注意适当引导。下面将以"告密"行为为例,讨论如何引导班集体潜规则。

在班级管理中,"告密"行为与民主气氛并不是水火不容的两种潜规则,事实上,它们通过适当的引导和规范是可以兼容的。在班级内,我们可以创建一套确保所有学生的正当利益不受侵犯、又能使学生对班级管理没有借口保持沉默的"告密"规范,让他们弄清楚什么才是真正意义上的揭发问题,这样做也有利于培养学生的社会责任感、公民意识和自主管理的意识。

这种"告密"规范必须符合以下几点原则:(1)"告密"的出发点是为了教育学生,防止不良问题的恶化;(2)"告密者"必须掌握有力的证据能够让被告学生认识到自己的错误;(3)"告密者"意识到不良行为可能导致班级或个人严重的后果;(4)"告密者"要对自己的"告密"行为负责,不得诬告和中伤他人;(5)对正当的"告密",要给予"告密者"合理的成功机会。

当然,对于愿意揭发班级或个人问题情况的学生,教师要保证他们不会因为正当的告密而受到惩罚,还必须让学生清楚他们所告发的行为是不道德的,而告发那些不道德行为则是一种责任心的体现,是一种帮助他人、教育他人的正义行为。

第四章 用制度来管理班级

第五章
营造良好的文化氛围

　　班级文化是一个班级的灵魂。班级文化建设是每个班主任需要思考的问题和工作的努力方向。建设班级文化，应以"文化"为切入点，以文化教育人、感染人、熏陶人。

　　班主任应从多个角度入手，将社会、学校对学生的要求和期望转化为班集体的规范、舆论和价值观，使班级的每一个角落、每一条规范、每一次活动都渗透着文化气息，充满着文化意蕴，为学生的学习和生活创造一个充满友爱、温馨、快乐的环境。

第一节 班级文化的构成和影响因素

班级文化有广义和狭义两种理解：广义的班级文化，是指班级生活中的一切文化要素；狭义的班级文化，是班级全体成员共同创造出来的独特文化。班级文化具有无形的教育功能、激励功能、制约功能。这些功能一旦形成，就会产生巨大的力量，有利于优秀班集体的建设与维护。加强班级文化建设，努力营造积极、健康向上的班级文化氛围，是班主任提高班级管理水平和促进学生发展的重要内容。

一、班级文化的构成

班级文化包含很多要素，主要由青少年文化、同辈文化、教师文化、教育文化构成。班级里的各种文化要素并非彼此独立、孤立存在，而是相辅相成，互相影响的，正所谓"你中有我，我中有你"。作为班主任，要认识班级文化构成的复杂性，认识各种文化存在的合理性与必然性，在此基础上开展班级文化建设。

1. 青少年文化

青少年文化是一种现实存在的文化。随着学生主体意识的觉醒，他们开始有自己的独立见解，并要创造出属于自己的文化。这种文化必然以某种方式表现出来，如选择自己喜爱的衣服、发型，对各类明星的追逐，对动漫的迷恋等。这是正常的心理和行为，是新一代人成为主体的最初尝试。否认青少年文化的必要性，也就是否认学生成长的可能性。

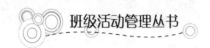

班级文化必然包含青少年文化。青少年文化即学生文化，是学生价值观、思考方式、行为模式的总称。它反映了年轻一代特有的文化倾向，对学生的学习成绩、抱负水平、个性的形成有很大影响。班级文化离开青少年文化，就会了无生气，对学生的发展产生不利的影响。班主任要积极、主动地了解青少年文化，加强与学生的交流，在班级中为青少年文化的发展留有余地。对于青少年文化中的消极因素，不能简单地加以禁止，而要抓住时机积极引导，变不利为有利，变"盲目崇拜"为"榜样示范"。

2. 同辈文化

在班级中，经常可以看到有些学生三五成群，形影不离。这就是学生的同辈群体。同辈群体是学生自发形成的非正式群体，是由于有相同或相似的爱好、兴趣、观念以及空间距离的接近等建立起来的。对于中学生而言，同辈文化的影响居于重要的地位。它不以人的意志为转移而客观存在，任何行政命令都不能禁止其形成和发展。在同伴的共同追求中，在相互的交往中，学生的交往能力、合作能力、共同生活能力得到了发展。

同辈文化从教育价值上可以分为积极的同辈文化、中性的同辈文化、消极的同辈文化。在班级中，积极的同辈文化是指能够给学生以积极的价值参照，促进学生身心健康、全面发展的同辈文化，如班级中按照成绩由优生和后进生组成的学习小组；中性的同辈文化是指没有价值判断的同辈文化，如各种兴趣小组；消极的同辈文化是指提供给同学与社会主流文化相抵触的价值观和行为规范，如有些学生受同学的劝诱去作弊或偷盗。班主任应该对班级中存在的同辈文化加以调查，对于积极的同辈文化大力支持与鼓励，丰富班级文化的内容；对于消极的同辈文化设法消除。

3. 教师文化

教师文化是指教师作为人类文化的传递者所具有的价值观念和行为

方式，一般由教师的教育思想、学科知识、文化教养和个性人格，以及教师集体的目标、人际关系等组成。教师文化代表了成人世界的经验，既体现出人类文化传播者所具有的文化素养，又包括教师对于自己所从事职业的态度。

4. 教育文化

教育文化是依据一定的教育目的，对人类的文化遗产进行选择后传递给新生一代的文化以及传递文化的活动。它反映了主流社会的文化。教育文化包括一定的物质存在、教育者自身的文化素质、教育活动、教育制度。教育文化作为外在的、社会的、制度性的要求，不会自动地对学生的发展起作用；只有通过班级文化被学生自发地接受，成为班级成员内在的、主体的文化时，才能充分发挥其积极的作用。

教育文化作为一种文化传递活动，对学生发展的价值是不言而喻的。家长把孩子送到学校，就是为了接受教育文化，从中获得未来发展所需要的"养分"。班主任作为社会的代言人，把班级管理好，就是为了给学生创造一个有利于教育文化发挥作用的环境。在一个班级里，积极的教育文化影响是以良好的班级精神为前提的。学生价值观的形成离不开知识的获得，更离不开生活的特定环境——班级。班级为学生形成共同的价值追求创造了条件，学生也必然在班级中形成自己的价值观和行为规范。班主任要通过自己的努力，争取一切校内外教育力量，建设具有特色的班级文化。

教育文化和教师文化依据制度的力量在班级文化中占据着优势地位，但青少年文化、学生同辈文化的作用也不容忽视。而且，随着学生年龄的增长，年级的升高，学生文化对班级文化的影响和作用逐渐加强。青少年文化、同辈文化、教师文化、教育文化等在班级里发生冲突，是一种正常的现象。此时，班主任一定要把握全局，抓住机会，促进各种文化的融合。当学生文化与教育文化发生冲突时，班主任要发挥自己的教育智慧，想方设法使学生接受学校的各项要求。

第五章　营造良好的文化氛围

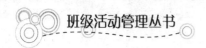

二、影响班级文化的主要因素

1. 社会文化

班级既是学校的基本单位，也是社会组织的一个部分，所以社会文化的各个方面，如价值观念、行为方式、思想观点、人际关系等等，都会影响到班级中来。社会文化有主流文化和亚文化之分。社会主流文化通过教育文化存在于班级文化之中，班级作为培养学生的场所也依托社会主流文化。然而，社会主流文化通过教育文化进入班级具有一定的滞后性，教师和学生各自所属群体的文化在一定程度上有亚文化的成分。因此，抵制社会亚文化中的不利因素，是班级文化建设的重要内容。

班主任作为班级文化的主要引领者，在营造班级文化氛围时，必须充分考虑社会文化的影响：既要看到班级文化会反映社会主流文化及其新发展，又要注意社会亚文化的多种影响，变不利因素为有利因素，努力克服其消极影响。

2. 家庭文化

苏霍姆林斯基说："家庭的智力气氛对于儿童的发展具有重大的意义。"儿童的一般发展、记忆在很大程度上取决于家庭的智力兴趣，成年人读些什么，想些什么，会给儿童留下很大的影响。从某种意义上说，家庭的文化氛围决定孩子的未来。良好的家庭文化为青少年的发展奠定坚实的基础，而不良的家庭文化氛围则使孩子的身心健康受到损害，正如杜威所说："家庭中正常关系的失调，是以后产生精神和情绪各种病态的土壤。"

家庭文化是班级文化的影响源之一。家庭是学生的第一学校，父母是孩子的第一任教师。每个学生到学校、班级之前，都带着自己独特的家庭文化及其文化背景，因而容易形成多种价值观的冲突。如果学生具有相同或类似的家庭文化，班级文化在形成中所产生的冲突就会少些；如果学生的家庭文化差异较大，学生在交往中就容易产生冲突。

3. 学校文化

学校文化是全体师生员工共同认同和共有的学校核心价值观，它限定着学校教育的内容，并强烈地影响着教师和学生的行为。学校文化反映了师生的基本思维模式和行为模式，在外显方面，是全体师生员工习以为常的、不需要思考就能表现出来的行为；在内隐方面，是一种被规定了的思维模式，一旦违背就会感到不舒服和不自在。

学校文化具有传承性、教育性、规范性，它潜移默化地影响着学校的制度、环境、人际关系，以及校风、学风和教风。学校文化是一个学校在较长时期的积淀中形成的结果。它通过各种载体与活动，一边影响着学校内的全体师生，一边丰富着学校文化的内容，并逐渐形成每个学校自己的文化特征。班级是学校中基本的组成单位，班级文化必然要反映学校文化和受到学校文化的制约。但是，班级文化又具有相对的独立性，同一个学校的不同班级可以有自己的文化特色。班主任要在学校文化的大环境中，结合自己班级的特点，建设具有自己特色的班级文化。

综上所述，班级文化由青少年文化、同辈文化、教师文化、教育文化组成，又受到社会文化、家庭文化、学校文化的影响。正是在这些文化的互动中，班级逐渐形成自己的文化模式。它成为影响班级中每个学生个体发展和班级发展的重要因素。

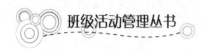

第二节 班级环境的优化设计

班级是学生进行学习活动的主要场所。如何对教室进行合理的布置，美化教室环境，应是班主任加以考虑的工作内容之一。优美的班级环境有利于陶冶情操，美化心灵。苏霍姆林斯基说："只有创造一个教育人的环境，教育才能收到预期的效果。"教室的布置，是班级文化的重要组成部分。教室里整齐、美观、清洁的布局，会给人赏心悦目之感，从而让学生在课堂上保持饱满的情绪。因此，班主任要有班级经营的理念，要善于营造一个人性化的、温馨的教室环境。

一、班级环境布置的原则

班级环境的布置，是班级文化建设最基本的内容。它不仅体现班级的精神面貌，而且直接影响到学生的心理健康。因此，要精心布置每一个空间，使其既温馨舒适，又催人进取。班级环境布置应当体现以下原则：

1. 显示班级个性

一项关于班级文化的调查发现：有73%的学生不能说出教室里的标语和名人名言是什么，班级文化已流于形式。每个班级要设法使自己的教室具有特色。当然，班级的个性不仅仅表现为外在的标志、文字等，更需要班主任发挥引领作用，发掘内涵，形成真正的个性。

2. 强化学生主体

创建班级文化环境，要摒弃由教师和少数同学包办的传统做法。现在的中学生思维活跃，个性彰显，民主意识强烈，这就要求班主任充分正视学生的特点，激发学生的主动性和积极性，给学生创新的思维空间、实践的舞台、展示自我的机会，实现"让墙壁说话，让环境育人"的目的。

3. 发挥激励作用

班级环境的布置，不仅要给学生以美的感受，更要具有直接的激励作用。

二、精心营造班级的文化环境

马克思说："人创造环境，同时环境也创造人。"幽雅的人文气息、厚重的教室文化，这种潜移默化的影响是不言自明的，甚至往往具有滴水穿石的力量。那么，班主任如何营造有利于学生发展的班级文化环境呢？

1. 净化教室

教室的净化是一个班级精神风貌的外在表现，是教室文化建设的基础。教室里应该做到"五无"，即地面无杂物、痰迹，墙面无污渍，桌椅无刻印，门窗无积尘，卫生无死角，给人以干净、清爽的感觉。对教室里各种设施的摆放，要提出明确的要求：小组桌椅的排列既要左右对称，又要前后等距；各小组课桌之间的通道，要横平竖直，保持通行的顺畅；平台上的电教用具、学生的作业本、学具等要摆放整齐，卫生柜、小黑板等要摆放有序。

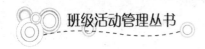

2. 建立生物角

生物角的作用在于培养学生具有爱心、耐心、恒心。建立生物角，可以使教室具有生活气息，充满勃勃生机。

一个班级有了花、有了鱼，虽然可能发生把花盆碰翻、把鱼缸打碎的情形，班主任会因此而处理一些类似这样的事情。但是，这恰恰能够约束学生的行为，激发学生的责任感，培养学生的生活情趣。作为班主任，应该给孩子提供更多感悟成长的方式，使他们的生活富有情趣，并让他们学会关爱生命。

3. 建立图书角

高尔基说："我读的书越多，我对世界越加感到亲切，生活对我越加变得明亮和有意义。"班主任要为学生营造读书的氛围：通过发动学生从家里带书、师生捐款买书和订阅杂志等办法建立班级资料平台，由学生轮流担任管理员，负责图书的编码和借阅；安排读书时间，制订读书计划，对学生的阅读进行指导：在班级里搞读书征文活动，让学生养成写读书笔记的习惯，仔细体味读书的快乐。当师生走进书香弥漫的一方小天地，会油然升起一种庄严神圣的感觉。

4. 布置教室墙面

班级要成为学生身心舒展的精神家园。对于墙面布置、出黑板报和宣传栏等工作，班主任要放手让学生去做。这样既使得学生的动手能力得到锻炼，也让孩子们的心声得以倾诉。

（1）墙壁。在教室的门外，可以悬挂一个富有特色的镜框，镜框内有班主任寄语、班级特色、班风等栏目和班主任及任课教师的名字，以此激励教师时时处处严格要求自己，一言一行成为学生的表率。教室的墙壁上，可以贴有孩子们自己选择、自己撰写的名人名言，并定期更换。

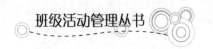

（2）黑板报。黑板报的设计，既要注意与教室环境相配，又要精心选择内容。鲜艳的颜色、合理的布局、新颖的内容会引起学生的兴趣。黑板报要每月更换，每期都要有学生的习作和学生感兴趣的话题。这样，学生对黑板报的内容才能更加关注，墙壁也就"会说话了"。

（3）宣传栏。宣传栏要注重阶段性，及时更新内容，让学生们更好地了解班级的动态，以便于交流。如：张贴班级公约，让全班学生明确具体的行为规范；公布学校和班级中各项活动获奖的名单，鼓励更多的学生争取进步；发布学校和班级近期开展的主题活动，组织学生积极参与。

（4）悬挂时钟。在教室前方黑板或教室后面板报的上方悬挂时钟，可以培养学生的时间观念，让学生珍惜时间，做时间的主人；也可以方便教师上课时更好地掌握时间，调节教学进程。

三、班级环境布置应注意的问题

1. 寓教育于布置之中

布置教室的目的，是力求给学生创造一个优美、舒适、激励的环境，使学生在日常的学习活动中受到潜移默化的教育。因此，要注意将教育因素融于教室的每一布置活动中。每一张标语，每一句格言、每一幅图画，都要与学校、班级的中心工作相结合，使其起到一定的教育作用。

2. 精心安排，布局合理，给人以美感

班级环境布置的基本要求是：热情朴实、美观大方，因此，应力求墙白地平，窗明几净，格调清新，搭配合理。对于班级所要悬挂的条幅、张贴的标语、图画以及专栏、图表等，都要精心选择，切忌杂乱无章，要注意其形式的美观性，力求使整个教室的环境布置既起到装饰作

用，又以给人以美的享受。张贴物忽高忽低，大小不等，长短不一，疏密不当，都会破坏教室环境的整体美，给人造成一种失去平衡的不安定感。所以，标语、字画等张贴物，要善于利用空间，做到因地制宜，结构合理。

在色彩的搭配上也要注重醒目和谐、庄重简练、雅致清新，切忌把一间教室布置得色彩缤纷，花里胡哨，令人眼花缭乱，目不暇接。不仅不能给人以美的享受，反而会分散学生的注意力，不利于学生的学习。但也不能清一色，缺乏生气，给人以沉重感。教室的窗台也是可利用的地方，例如在窗台上可摆放几盆鲜花，不仅可美化环境，而且可净化空气。窗户上挂上淡雅的窗帘，以调节室内的光线、温度。

3. 注意学生的身心特点，趋利避害

对班级环境的布置、美化，要考虑到学生的年龄特点和心理因素。对低年级学生，在选择名言、警句或办学习专栏时，要使学生能看懂，能理解其含义并易于接受。色彩也可以稍微艳丽一些。对于高年级的学生，要以更高层次的启迪为主，以庄严、凝重、和谐为宜。为避免学生上课时分散注意力，一般来说，在学生视线的正前方，应以素雅的基调为主，不宜布置色彩鲜艳的装饰物，而且内容也最好集中在有关纪律的要求方面。所以，教室的前上方或黑板两侧一般应悬挂或张贴党的教育方针、校训、课堂常规、卫生条例等，教室两侧的墙壁一般应缀以格言、警句、诗词、图画等，教室后面的墙壁为板报或墙报，可设计一些色彩明畅的学习专栏、文化园地等，让人赏心悦目，精神振奋。

4. 发挥学生的主体作用

对班级环境的布置，班主任最好不要包办代替，应帮助和指导学生自己动手，充分发挥学生的主动性、创造性，让学生自己设计、自己布置。因为学生布置教室的过程，实际上也是美育过程的一部分，学生可通过自己的创造，提高自己的审美能力，增强学生的审美情趣。同时，

也是培养学生自治能力的一种有效手段。

总之，班级作为学生学习、生活、交往的主要场所，其物质环境既有德育、智育的效用，也有美育作用。它像一面镜子，反射出班级的风貌，它是一块园地，对学生进行着"五讲、四美、三热爱"的教育。因此，充分利用已有的物质设施，改善和美化班级环境，应该引起班主任的高度重视。

第三节　树立正确的班集体舆论

在某种意义上，班集体也是社会道德文明建设的基本单位，班集体道德文明建设的水平，不仅是学校道德文明建设的反映，也可以对社会道德文明的建设起到一定的促进作用。优良班集体形成的重要标志就是健康的班集体舆论，它不仅关系到班集体建设的水平问题，而且也是一个关系到未来社会公民的道德水平高低的大问题，因而抓好班集体健康舆论的养成是班主任的主要工作。

舆论是一种社会意识现象，是一个集体中带有一定倾向性的众人的言论。它是进行道德评价的主要手段。它以议论褒贬等形式肯定或否定集体的动向和集体成员的言行，成为影响个人意识和行为的巨大的教育力量。一个班集体舆论状况可以说明班集体成员道德意识的水平。如果一个班集体难以形成健康舆论，就标志着该班集体道德意识比较贫乏，道德水准比较低下。班集体舆论状况还说明，社会道德规范是被班级大多数学生认可的并深存于他们的意识中。

优良的班集体不是自发形成的，它必须经过班主任的精心培养并为之付出大量的时间和精力。是否树立了健康的集体舆论是班集体形

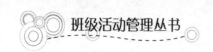

成与否的重要标志之一。一个班级树立了健康的集体舆论，它就会成为学生自我教育的重要手段。它以一个无形的力量帮助班主任教育学生，它对学生个体的影响往往比教师个人力量大得多，有效得多。它是形成、保持和发展先进集体不可或缺的因素，也是帮助提高学生的是非辨别能力、形成集体荣誉感、克服不良作风和养成良好品质的重要条件。

在一个班级里，如果没有健康的集体舆论，就会是非不分，正气不能压倒邪气。健康的舆论能起到明辨是非、祛邪扶正、凝聚人心、催人奋进的促进作用。在健康的舆论面前，集体成员会自觉地调节个人与集体的关系，改变与之不相适应的思想和行为，把个人置于集体之中，从而促进每个成员健康成长。因此班集体建设的一个重要任务，就是努力培养积极向上的、健康的集体舆论，使之成为进行道德评价和学生实现自我教育的有效手段，加速良好班集体的形成与发展。

树立正确的班集体舆论，最根本的就是要树立学生的是非观，这是一个长期的、反复的、艰苦细致的培养过程，具体地，应该做好以下几个方面的工作。

一、建立必要的班级规章制度

一个人的言论除了受法律的约束外，更多地受社会道德规范的约束。《学生守则》对学生言论的规范是上述两个方面的集中反映。班主任应该充分利用《学生守则》的宣传讲解、贯彻和执行，树立健康的集体舆论，从而充分发挥《学生守则》对班集体舆论的规范作用和导向功能。所谓"不以规矩，不成方圆"。一个集体要维护自己的统一，必须有一定的行为准则与判断标准，这就是集体规范。

在班集体建设中，一方面要引导学生学习和遵守中小学生守则和行为规范，同时还要以此为依据，根据班级实际情况，在全体成员的参与下，制订若干合理而且可行的具体条例与规定，如班级公约、课堂常规、学习纪律、卫生公约等，以引导和规范集体成员的日常的学习和道德行为习惯。一个班集体必须建立对其成员有一定约束力的规章制度、管理制度和相应的考核制度。班级制度是学校制度的延伸和具体化，是班级学生共同遵守的公约和准则，因此必须合乎情理。目标要求不能过高，要使大多数学生都能做到，通过制度的约束养成学生健康的集体舆论及行为习惯。

这就是我们在上一章所讲的，要用制度来管理班级。

二、充分发挥舆论工具的作用

墙报、黑板报、专栏等是发挥集体舆论的重要阵地。班级的墙报、黑板报和专栏应该形式多样，内容丰富。既要有对好人好事的赞颂，也要有对不良倾向的批评；既要有对班级各项工作的合理化建议，又要有对国内外新闻、科技知识的介绍等等。而且要对班级中的各种问题开展讨论，吸引学生发表自己的意见或建议。

对此班主任应该给予具体指导，充分利用这些阵地，使它按照健康的轨道运行。作为一名班主任必须要十分注重在班集体中形成健康的舆论，只有正确把握住舆论的趋向性，才能形成一种良好的班风，建立一个优良的班集体。

三、时刻关注舆论倾向，随时加强健康引导

班主任要经常注意班级学生的舆论倾向，要有意识地把舆论中心引向健康的方向，不能让不良的风气在班级抬头，占上风。有效的办法，是表扬好人好事好思想，批评或评论不好的事、不好的思想。

通过对学生的思想和行为的肯定或否定的评价，以及为什么要肯定或否定，把舆论中心引导到健康的方向上来。班集体里涌现出的好人好事，只要是好的，不论是大是小，是先进学生做的，还是后进学生做

第五章 营造良好的文化氛围

的，都应及时予以表扬。这样有助于树立人人想做好事、争做好事的风气。一个人做点好事并不难，难的是一辈子做好事。所以，班主任要通过各种有效途径养成学生做好事的良好习惯。表扬可以由班主任进行，也可以发动同学互相表扬。

对错误的思想行为，也要进行适当的必要的批评。表扬和批评是把舆论引向健康方向的有效方法，但这种表扬和批评不要轻易地全盘肯定或全盘否定，在表扬中有时需要指出不足之处，在批评中有时需要提到优点。

四、大力倡导学生评议教师之风

任何教师都不可能避免学生的评议。学生对教师的评议是多种多样的。有的是在同学好友中，有的是在家长亲友中，有的是在师生中；有的是有组织的，如召开学生座谈会征求学生对教师的意见，有的是自发的。学生所评议的主要是教师的教学和言行等。在由教师和学生双方组成的班级里，教师的思想修养、工作作风、学识能力、一言一行都对学生有重大的影响，对形成健康的集体舆论也有重大影响。

班主任要做到既是教育者，又是受教育者；既是学生的严师，又是学生的益友。要把学生背后自发评议教师，变成面对面有组织的评议教师。要给学生安排时间和机会，鼓励学生给教师提意见和建议。班主任更要率先做起，开展批评和自我批评，大力倡导学生评议教师的风气对树立健康的集体舆论有推动作用。

五、定期开好各种形式的班会

班会是在班主任领导下进行的学生会议，对于形成班级的集体舆论起着重要作用。班会是教育学生最普遍最有价值的工作方法，也是班集体全体成员的会议，是学生组织生活的一种形式。它的基本任务是讨论班集体工作的任务，讨论集体成员共同关心的问题，开展批评与自我批评。

如何组织班会，要根据本班的实际情况和学生身心发展情况而定。组织低年级学生的班会，形式要生动活泼，内容要丰富多彩，要尽可能寓教育于活动之中，让这些活动在学生心灵里留下深刻印象，甚至对他们的一生都产生重要的影响。组织高年级学生的班会，除了注意低年级班会的一些要求外，还要注意突出思想性和理论高度。

班会有三种类型：一般性班会、民主生活会和主题班会。一般性班会大多是布置讨论班级的工作，班主任在指导这种班会时，要充分发扬民主作风，尊重学生的独创性；民主生活会主要是开展批评与自我批评，表扬班级涌现出的好人好事，批评各种不良倾向，及时指出和解决班里存在的问题。主题班会根据班级的情况，提出一个主要问题，通过集中讨论来统一认识，提高觉悟，明确前进方向，树立健康舆论，一般说这是班会的主要形式。

关于如何顺利地组织班会，我们会在后面进行更深入的介绍。

第四节　铸就班集体凝聚精神

班级精神是班级文化的核心和灵魂，是全班学生的精神支柱和共同信奉的价值准则，具有强大的凝聚力。它包括群体意识、舆论风气、价值取向、审美观念等等。培养班级精神是一项艰巨的任务，班主任作为班级的专任教师，理应在班级精神的铸造上发挥主导作用。

一、班级精神对学生的影响

班级精神是班级文化的主要价值取向，是班级成员共同的行为特征。随着学生年龄的增长，教育文化要发挥作用，必须依赖于班级文化。班级精神有积极的和消极的之分。积极的班级精神有利于教育文化发挥作用，能对学生产生内在的激励作用，获得全面、和谐的发展，进而增强班集体的向心力和学生的归属感，形成健康向上的班级文化氛围。消极的班级精神则对教育文化起破坏作用，使少数人的行为蔓延成一种群体意识，使班级的正常生活由有序到无序，班集体处于一种混乱、失控的状态。学生是否热爱自己的班级，在很大程度上取决于班主任对班级文化的有效把握，取决于一个班级在班主任带领下所形成的班级风气。

二、班级精神在协商中形成

班级精神并非自发地形成，而是在协商过程中逐渐形成的。班级是由来自不同地域、不同阶层、不同社区的学生组成的，每个学生具有不同的价值观。要让班级中的学生在价值取向上达成共识，需要一个过程。这个过程，就是协商的过程。在班级这个小社会中，教师与学生之间、学生与学生之间、教师与教师之间具有不同的价值观。经过一系列冲突、碰撞和融合，最后逐步形成班级的价值观。

任何班级都有形成积极班级精神的可能，因为每个孩子的心中都需要阳光的滋润。积极班级精神的形成，一方面取决于教育文化是否能满足学生发展的需要，另一方面取决于班主任的职业素养和个人人格。尽管班主任可以利用自己的权威地位，形成主导的价值取向，但往往会因为缺少与学生的交流、对话、沟通，不能够成为全体成员的一致追求。一个看似统一的班级，其实蕴涵着危机。班主任要在了解班级学生的基础上，依据教育文化的要求提出班级的主导价值取向；再根据学生的表现和反馈，判断目标是否适合学生，并据此做出进一步的调整和判断，以形成班级精神。

三、班级精神的塑造方法

班级精神的塑造，可以通过以下方法进行：

1. 设计班级标志物

（1）班训。班训是班级个性、特色的高度概括和班级精神的标志，是班风、教风、学风的参照目标。它主要是对学生的要求、训导、告诫和防范。班训可长可短，以简洁流畅、特色鲜明、目标明确、有个性为宜。班训贵在践行。

（2）班歌。音乐可以调节身心的紧张状态，舒缓疲劳，提高审美能力。一首好的班歌欢快奋进，可以激励学生刻苦努力，增强班级的凝聚力。在班集体活动以及学校活动中唱唱班歌，给人以集体的自豪感、信心和勇气，对全班学生是一种无形的精神力量。

（3）班徽。作为班级的象征，班徽在班级宣传和培养学生的集体荣誉感方面有重要的作用。

2. 榜样示范

榜样的力量是无穷的。班主任要在班级中评选"最佳值日班长"、"周好学生"、"月优秀学生干部"、"最佳寄宿生"等，树立典型，鼓舞士气；设立各种"进步奖"，放大后进生的点滴进步，增强他们不断进取的自信心。这样既可以给后进生以希望，也可以给先进生以压力，带动整个班级形成一种积极向上、奋发进取的风气。

榜样具有一种无形的鞭策力量，有利于促进学生身心的健康发展。榜样包括现实生活中的各种典型人物、历史人物，以及学生周围的典型

人物。学生中的优秀生、班级中的先进同学，更具有教育力量。这样的榜样是具体的、真切的，并且具有很强的感召力，可以使学生在耳闻目睹的同时认真思考，在思考和比较中受到鼓励。榜样示范，可以在班级中形成向好学生、好的行为学习的氛围，也可以形成正确的舆论，这是形成班集体的主要手段。

3. 开展集体活动

班级活动可以增进师生之间、学生之间的理解，增强学生的合作意识和班集体的凝聚力。心理学研究表明："一个集体若没有丰富的集体活动，必然死气沉沉，缺乏活力。"要想让班集体充满生机活力，重要的是组织学生开展各项有益的活动；况且中小学生有强烈的表现欲，他们希望通过自身的表现来展示能力和才华，获得认可与成功。通过集体活动，让学生得到更多的锻炼机会，同时在班级中孕育团结友爱的风气。

班集体在活动中产生和加强，班级精神也在活动中深化和积淀。可结合重大节日、纪念日，在班级中开展演讲赛、辩论赛、文体活动，让每个学生都有展示自我、表现自我的机会。比如，国庆节前夕，可举行"我爱你，祖国妈妈"诗歌朗诵会。在这些活动中，班主任主要扮演导演、倡导者和指导者的角色，要充分相信学生，大胆依靠学生，放手让学生去做。有经验的班主任还会抓住学校开展活动的机会，带领全班同学积极参与。在参与活动的过程中，学生和教师的心贴近了，班级的凝聚力增强了。

4. 正确运用网络

网络是一种全新的学习、沟通和娱乐方式，它为形成良好的班级精神拓展了空间。班级网站、教师博客、学生博客如同一个个精神家园，要利用其不受时空限制等优势，增加师生的相互了解，拉近教师与学生、学生与学生、教师与教师、教师与家长、学校与家庭之间的距离。

优秀班集体的建设与维护

作为班主任，一定要引导学生正确运用网络，为班级文化的发展争取更多的资源。

5. 利用传统节日

班主任要善于利用传统节日开展各项专题活动，把专题教育与日常教育结合起来。这样既可以让学生加深对中华民族优秀传统文化和其他民族文化的了解，也对学生进行礼仪常识、人际交往等方面的指导。

6. 送学生一份礼物

学生在生活中并不缺少礼物，但能收到老师礼物的机会并不多见。大多数教师都说自己爱学生，但对学生进行调查时却得出了不同的答案：相当多的学生说没有感受到教师的爱。这是一个引人深思的问题。教师在对学生进行教育时，忽略了说出爱、忽略把爱用学生能接受、能体会到的方式表达出来，很多冲突也因此爆发。礼物能传递爱，让学生知道老师对自己的关注和期待，让学生对教师更亲近和信任；礼物能传递爱，让学生学会表达爱，并充满爱心地走进社会。

第五节　正确对待主文化与亚文化

在现实中，我们经常可以看到，班主任站在主文化的立场上，以主文化中心主义，甚至是主文化一元主义的视角来对亚文化进行激烈的批判。比如，现在电视中的选秀节目特别多，这些节目对学生的吸引力特别大，有的班主任就不能很好地处理学生学习的主文化与这种亚文化之

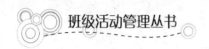

间的关系。一位班主任的态度颇具有代表性：

我希望你们不要把与学习无关的毫无意义的东西带到学校里来，尤其是那些流行小说、漫画、杂志之类的东西。如果谁带了，就先放在我这里，不还给你们。这里是学校，是学习的地方，你们就应该认真学习，而不应该把大量精力放在这上面。好学生往往是那些遵守规定、勤奋学习从而取得好成绩的同学。

在班集体中，"遵守规定、勤奋学习"的确是主文化，"流行小说、漫画、杂志"的确也是亚文化，但是，二者之间是否一定相互排斥、水火不容呢？答案是否定的。如果深入分析班集体主文化和亚文化的关系，我们会发现，二者之间有相互包容、兼容并蓄的可能。

班集体亚文化与主文化并非先天具有性质上的优劣。在修饰班集体文化时，"主"和"亚"只是对不同文化形态在班集体文化生态中所占有的地位、所得到的认同、所产生影响的一种客观的实然描述，而不带有价值上的褒贬判断。从性质上看，主文化和亚文化优劣并存、瑜瑕互见，并无本质上的区别。

班集体亚文化和主文化是一对相对的概念，不具有时空上的普适性。一个班集体的主文化在另一个班集体里也许就是亚文化，反之亦然。即便在同一个班集体里，随着时间的推移，班集体亚文化和主文化可能会因社会文化的更迭、教育文化的变迁、班集体成员文化认同的变化等原因而此消彼长，甚至是相互置换。在一些特殊的情况下，班集体亚文化和主文化之间还有可能相互吸收，相互融合，甚至是合而为一。

班集体亚文化有着自足的存在价值。在文化一元化的时代，人们倾向于纯化班集体文化，主张除占统治地位的文化之外，其余的文化形态一律铲除，以保持班集体文化的"纯洁性"。但是，随着全球化时代的到来，文化交流和文化融合日益频繁，人们已经学会了尊重和宽容不同文化，文化多元化的时代正在到来。在这种背景下，在班集体微观文化生态中，亚文化已经不再依附于主文化而存在，开始拥有自足的存在价值。

在班集体文化建设中，作为强势文化，主文化得到的关注和重视要远远大于亚文化。事实上，在看似不居主要地位的班集体亚文化中，蕴藏着极为丰富的教育资源和教育机缘，优秀的班主任往往会发现、了解和引导它，兴利除弊，因势利导，使之成为班集体文化建设的促进力量。

班集体亚文化的建设需要班主任和学生的共同参与，但是，毋庸讳言，班主任与每一个学生之间并不是平等的关系，无论在文化视野还是在文化阅历上，班主任都占有明显的优势。因此，在班集体亚文化建设中，班主任拥有更多的话语权，也承担着更大的责任。

一、调整心态，理性认识

历史经验告诉我们，在文化的花圃里，百花齐放远胜于一枝独秀。"流水不腐，户枢不蠹"，频繁的文化交流、充分的文化竞争有利于保持文化的整体活力。强大外在压力虽然能有效地确立某种文化的主导地位，但是，在文化独裁下形成的主文化的威力毕竟是外赋的，缺乏内在的凝聚力和向心力，一旦外在的权力支撑崩塌，这种主文化往往会很快失去光环，导致文化涣散和行为失范。

在集体主义压倒一切的时代，我们有一个普遍的错误认识，即在班集体文化建设中，所有人都应该自觉自愿地和班集体主文化统合起来，为此要不惜改变自我的文化认同，特别是要放弃那些与班集体主文化格格不入的价值观念和行为方式。

在主体性教育的背景下，人们越来越认识到，学生不仅仅是集体的一分子，更是拥有自由思考和独立选择权利的主体，他们可以同时生活在多种文化语境之中，可以保留与班集体主文化不同甚至是对立的文化认同。班集体亚文化由此获得了"合法"的、正当的存在价值。

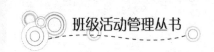
在文化急速变迁的当下，作为青少年的学生和作为成人的班主任通常会有"文化代沟"，而班集体亚文化又多是典型青少年文化，难以得到班主任的自觉认同，这正是很多班主任习惯用打压的态度对待班集体亚文化的主要原因。

但是，班集体文化建设毕竟不是班主任的个人文化选择，它需要班主任在学生立场和社会立场寻找到一种平衡。因此，在班集体文化建设中，班主任要尽量避免情绪化的冲动，用理性的力量节制个人的文化情感，充分考虑多元化的社会文化背景和学生的文化需要，全面认识班集体亚文化的存在价值和教育意义，以广博的文化视野和宽容的文化心态接纳不同的价值取向和行为方式，让各种文化形态在班集体中多元共生、有序竞争，以保持班集体文化的整体活力。

二、全面了解，动态把握

只有全面了解、动态把握班集体亚文化的现状和发展动向，才有可能扬其长而避其短，取其精而弃其糟，正确地施以教育和引导。在对班集体亚文化进行梳理和研究时，班主任要有独到的文化视角和敏锐的文化眼光，做到对班集体亚文化全面、动态的把握。

全面性首先表现为全面了解所有的班集体亚文化。班集体亚文化具有多元性和潜在性的特征，在对它进行了解和把握时，要注意尽量把所有的班集体文化形态都纳入到自己的视野之中，切勿挂一漏万。全面性还表现为对每一种班集体亚文化利弊的全面了解。没有一种文化是纯然好的或是纯然坏的，对每一种班集体亚文化的认识都应该持一分为二的态度，切忌从一个极端走向另一个极端。

班集体亚文化具有流变性的特征，其衍生、变异和湮灭的速度都很快，文化景象复杂多变，因此，对班集体亚文化的了解和把握难以做到一劳永逸，而要注意动态把握。

三、兴利除弊，去芜存菁

文化多元主义、文化宽容并不意味着班主任可以放弃班集体文化建设的责任，让各种班集体文化遵循丛林法则去弱肉强食、自生自灭。学生毕竟不是成熟的文化个体，有限的文化视野和稚嫩的文化理性决定了他们是"限制自由"的文化主体，需要以班主任为主体的班集体文化建设者的引领和帮助。

首先，文化多元主义不等于文化自由主义，班集体文化建设中的文化多元是建立在核心价值观的基础上的。核心价值观是指社会普遍认可的基本价值观念和行为准则，代表了社会成员的共识和默契，是一个社会得以形成和发展的基石。作为成人社会派往青少年世界的"全权大使"，在班集体文化建设中，班主任既是班集体文化的参与者，又是社会文化的代言人；既要"入乎其内"，了解学生的文化心理，理解学生的文化选择，又要"出乎其外"，张扬核心价值观念，引导青少年积极认同社会主流文化。

其次，文化宽容并非是文化纵容。既然班集体亚文化良莠不齐、利弊互陈，既然学生是不成熟的文化主体，那么，在班集体文化建设中，班主任就应该负起过滤和引导的责任。少数班集体亚文化明显有害，如宣扬色情、暴力等的垃圾文化，班主任应该坚决把它们拒之门外；多数班集体亚文化都是利弊杂合的，如追星文化、网络文化、短信文化等，对于这些文化形态，班主任应该帮助学生提高文化鉴别能力，引导学生以扬弃的态度去芜存菁，最大限度地张扬它们的正向价值。

四、主动出击，积极建构

在班集体文化建设中，我们习惯说："建构班集体主文化，规范班集体亚文化。"不同的谓词暗含着不同的价值判断：班集体主文化是好

的，所以要建构；班集体亚文化是不好的（至少没有班集体主文化那么好），所以要规范。班集体主文化是否一定是好的、应不应该规范我们暂且不论，单就班集体亚文化而言，单极的价值判断、单纯的规范是有失公允的。班集体亚文化具有自己的自足价值，在班集体文化体系中发挥着不可替代的功能，因此，在被动规范之外，班集体亚文化也应该被主动建构。

主动建构班集体亚文化不仅是班集体亚文化自身的价值决定的，也是建构班集体主文化的需要。事实表明，将班集体主文化与亚文化简单对立起来，会引发班集体亚文化群体对班集体主文化的反感和敌视，最终造成两败俱伤。承认班集体亚文化的价值，并把它与班集体主文化一起建构，会有效地缓和班集体亚文化群体的敌对情绪，为他们主动悦纳班集体主文化打下基础。

同时，在班集体亚文化建构中，班主任还可以采用一些针对性的策略，如有意识地培植一些与班集体主文化性质相近、形式不同的亚文化，形成一个同质文化群落；在班集体主文化与亚文化之间建构桥梁性的亚文化，为主文化与亚文化之间的沟通和对话创造条件。这些策略都会对班集体主文化的建构产生积极的影响。

第六节　班级非正式群体教育

在班级工作中，我们经常能够发现"三人一圈"、"五人一伙"的现象。他们放学一起走，作业一起做，生日一起过……这种自发形成的联合体，就是所谓的非正式群体。这种小群体同班集体（正式群体）共同形成了班级的社会心理气氛，共同影响着班级的发展走向。因此，班主任必须正视非正式群体存在这一客观事实，并深入研究这一现象的客观规律性，使班级内各种非正式群体与班集体的发展协调一致。

美国心理学家柯尔曼的研究表明："非正式群体的作用可以左右教学的效果，既有可能促进学习，又有可能阻碍学习。"这种影响，正是基于非正式群体既有积极的一面、又有消极的一面的二元性特征。

当非正式群体的作用与学校教育的要求、与学生个性发展的要求相适应和一致时，非正式群体是积极的、有益的。如果非正式群体干扰、阻碍甚至破坏了学校教育效果，这时非正式群体就表现出消极性和负效应。因此，必须因势利导，发挥其积极作用，使非正式群体成为学生学会交往、体验友情、陶冶性情、升华品德、吸收知识、培养能力、接触实际、了解社会、发展个性、展示自我的教育场所。具体而言，可以考虑从以下四个方面着手。

一、细心观察，鼓励成长

在班集体中，一些某方面优秀的学生因相同或类似的理想、志向、兴趣、爱好等个性心理品质，自然形成了非正式群体。面对积极型非正式群体的出现，班主任不仅要鼓励，而且要建议班委会正式组建这种组织，使该组织活动正常化，以支持其健康发展。

如成立篮球队、排球队、摄影组、宣传组等各种课外兴趣小组。一旦他们取得了成绩，马上公开表扬，在班级、年级里面宣传，把表现好的非正式群体树为典型。"榜样的力量是无穷的"，利用学生身边非正式群体的先进典型来教育学生，远比辅导员在台上说教要有效的多。

二、关心爱护，巧妙转化

《学习的革命》一书指出："如果一个孩子生活在鼓励中，他就学会了自信；如果一个孩子生活在认可之中，他就学会了自爱。"心理学研究也表明，鼓励性评价（表扬与奖赏）比否定性评价（批评与惩罚）的效果要好。

任何一个调皮捣蛋的学生都有其可爱的一面，我们在大力支持积极型非正式群体的同时更要关注反班级型非正式群体的成员。只要我们巧妙地利用他们的一技之长，那么改变他们的自我认识与处境并不困难，他们都有望成为某方面的积极分子、骨干力量。

对于那些对班级、班主任有着强烈对抗情绪的学生来说，发现并肯定他们的闪光点是打消他们对立情绪的第一步。肯定了他们的哪怕一点长处，就有可能引起他们内心的震动，成为教育转化的契机。

班主任不仅要独具慧眼去发现和肯定这些学生的长处，还要把他们推到为班级争光的大舞台上，让他们在众目睽睽下获得成功与众人的尊重，让他们体验班级主人的自豪感。每个学生的心灵深处都希望能在班集体中找到自己的坐标，能够被老师、同学所认可。作为一名教师，就要尽可能地根据非正式群体成员的特点，给他一个坐标，在集体中给他一个位置，让他有集体的归属感，这样他才不会游离于集体之外。

三、抓好"龙头"，以点带面

"龙头"就是非正式群体中的核心人物。他们一般都有较强的凝聚力和号召力，有其他成员无法比拟的特长，能左右非正式群体的活动。如果能把这部分人教育引导好，班级管理就能起到事半功倍的效果。

因此，班主任应有效地利用非正式群体中核心成员的作用。要经常关心他们的学习、生活，找准契机，消除其对立情绪，然后再委以重任，引导他们健康成长。有的核心人物可根据其特长安排参加正式群体，做到正式群体与非正式群体的相互融合。还可以根据实际情况，把一些工作交由这些非正式群体核心成员去完成，充分利用他们在特定群体中的影响力。这样，班级就会形成以正式群体为核心、以非正式群体为辐射的管理网络，使班级沿着良好的轨道发展。

四、家校联手，防止反复

整个教育转化的过程是充满爱而又漫长的过程。从一开始关注某个非正式群体起，班主任与同学就要对他们充满期待，对他们的一举一动充满关注，让他们把感情的归宿落实到班级中来。当然，整个转化工作往往不是一帆风顺的，每一个非正式群体成员在转变过程中都可能出现反复的现象，对此，班主任一定要充满耐心，千万不可因他们的一两次反复而感到灰心，否则就会功亏一篑、前功尽弃。

非正式群体的形成具有一定的社会性，因此，班主任要与社会、家庭加强联系，形成立体化的教育网络，实现对非正式群体全方位的监控和教育。只有这样，才能使非正式群体得到和谐一致、全面健康的发展。

非正式群体的自发性，往往会导致其活动的盲目性和破坏性。对这一类群体，不能简单地排斥，而要采取慎重的态度加强思想教育，积极引导，使其行为取向与学校教育的目标相吻合。对情节严重的要果断整治。

五、加强沟通，改进群体

班主任要合理认识和分析非正式群体的现实情况和真实性质。提高非正式群体明辨是非的能力，指导和鼓励其自身健康和谐发展。另外，要淡化非正式群体的本位思想。非正式群体具有一定的排外性，容易使班集体分化成多个小派别，影响团结。因此，要使各非正式小群体都能融于统一的班级大集体中，引导其在和谐的班级风气中健康发展。

班主任要注意加强正式和非正式群体的沟通。每个学生既是整个班集体的成员，又是某个非正式群体的一员，容易成为正式群体的干扰力量，发生离散现象。教师及管理者都要深入现实，防微杜渐，提防消极性群体活动的出现和中性群体向消极性过渡。对这类中性群体不可大意，以为可以放手不管，忽视对其教育引导。而应给予足够的关心与监督，对其进行积极的改进，使其向积极型转变。

第六章
有效开展班级活动

　　学生的成长，班集体的组织与建设，都是在活动的状态下进行和完成的。学生的成长面临着两个世界：知识的世界和生活的世界。"知识的世界"引导学生获得知识，开启智慧，拓展心智视野；"生活世界"培养学生的生活感受力，丰富个人的生活体验。"知识世界"与"生活世界"的融合，才能培养完整的人。

　　可以说，班级活动把"知识世界"与"生活世界"联系起来了。班主任需要从"知识世界"出发，引导每一个学生面对"生活世界"，体验生活，发展个性，舒展自我，成为真正意义上的人。

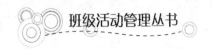

第一节 班级活动的特点和类型

班级活动是学生认识客观世界、认识他人与自我、适应学校生活与社会生活的重要途径，也是建设良好班集体的重要组成部分。班级的努力目标要靠班级每个成员参与共同的活动而实现。班集体的形成，需要通过一系列教育活动；而班级活动的有效开展，可以促使班级目标的实现。班主任应根据班级活动的特点，为学生提供创新的氛围和一定的空间，鼓励和引导学生在各项班级活动中思索、探求、创造，从而培养学生的创新精神和实践能力。

班级活动是指在教育者的组织和领导下，为实现教育方针和培养目标，完成学校的教育工作计划，组织班集体全体成员参加的一系列活动。它包括思想品德教育活动、课外活动、劳动活动等。它是班主任向学生进行政治、思想、道德、心理教育的基本形式，是通过学生集体来教育和影响学生个体的较为普遍采用的教育形式，也是学生个体进行自我教育行之有效的方式。在这个意义上说，班级是学校实施教育教学的基本单位，整个学校教育功能的发挥主要是在班级活动中实现的。

班级是学生发展成为社会人的重要环境。个体要生存发展，必须首先适应社会，实现个体的社会化。一个良好的班级，作为一个小社会，对学生个体社会化起着重要的促进作用。良好的班级生活，丰富多彩的班级活动，会促进学生个体不同能力、不同兴趣爱好的发展；同时，各种形式的人际交往能够促进学生自我意识的发展和健康个性品质的形成，从而形成个体的独特个性。

因此，除了教学计划中规定的政治理论课、时事学习和思想品德教育课以外，班主任要尽可能多地组织一些课余活动，对学生进行生动、形象、具体的教育。班级活动要不拘形式，活动规模可大可小，内容丰富多彩，并且紧贴学生生活实际，从学生个性发展需要出发。

一、班级活动的特点

从某种意义上说，一次成功的班级活动就好比一篇优秀的散文，教育总目标是它的"神"，活动内容与形式是它的"形"。要把一次次活动变成一篇篇精美的散文，必须掌握班级活动的几个特点。

1. 活动主体的差异性

班级活动的主体是学生，而学生的性格、志趣、爱好等是各不相同的。有的性格外向，开朗，活泼，善交际；有的性格内向，孤僻，沉静，好独处；有的学业成绩好，但缺乏文艺、体育方面的特长；有的学业成绩差，却有体育禀赋与文艺才能。班主任要善于发现每个学生身上的"闪光点"，并根据学生的个性差异因材施教，以充分发挥每个学生的潜能与特长。

2. 活动性质的自愿性

课堂教学受教学计划和教学大纲的制约，学生必须按要求学习规定的必修课，不能任意选择。而班级活动则完全由学生根据自己的兴趣、爱好自由选择，自愿参加，教师只能加以诱导而不能强迫。如果学生对某项活动不感兴趣，一味强求是难以调动学生主动性与积极性的，也不利于培养个性、发展特长。

3. 活动内容的广泛性

班级活动的内容十分丰富，可以组织各种科学兴趣小组，搞科技小发明，举办科技讲座，参观科技展览，培养学生讲科学、学科学、爱科

第六章 有效开展班级活动

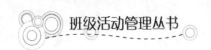

学的兴趣；可以开展各种文艺活动，培养学生的审美能力和创造美的能力；可以开展各种体育活动，培养学生坚韧的性格和顽强的毅力，掌握各种运动技巧等等。学生完全可以根据自己的选择，在丰富多彩的活动中找到适合自己的位置，各显其能，各擅其长。

4. 活动形式的灵活性

班级活动的规模可大可小，形式灵活多样。从组织的规模看，有全班、全年级乃至全校性的群众性活动，有各种小组的活动；从具体的活动方式看，可根据学生的年龄特征、知识水平、设备条件以及指导力量等，采用多种多样的形式，可以做模型，采标本，搞社会调查，办各种展览；也可以搞演讲、书评、讲座、报告会等等。

班级活动一般让学生自己组织、自己设计、自己操作，教师主要起指导作用而不能包办代替，这样有利于培养其组织能力和创造能力。学生通过独立的活动，向众人展示自己的能力，获得心理上的满足，从而进一步增强信心，发挥创造性。

二、班级活动的类型

班级活动可依不同根据而划分为多种类型。按内容分，有政治性活动、知识性活动、娱乐性活动、实践性活动等。按组织形式划分，有全班活动、小组活动等。按时间分布划分，则有日常性活动和阶段性活动。下面主要按照内容划分的方法，来介绍集中班级活动的类型。

1. 政治性活动

政治性活动是以思想品德教育和行为规范训练为主要内容的班级活动。政治性活动经常通过班会、团队活动、传统教育活动，以及学先进、树新风活动等，使学生受到政治思想教育和社会公德教育，养成良好的行为习惯。

班会是班主任为加强班集体建设而召开的一般性班级会议，或者是捕捉教育时机、为辨明事理而召开的主题性会议。团队活动则是为加强团队组织建设，或宣传某种思想、某个观点或学习某种精神，通过共青团、少先队组织而开展的集体活动。班主任、辅导员要准确地掌握这些活动的性质和特点，认真发挥好各自的教育作用。

2. 知识性活动

知识性活动是以培养对基础学科的兴趣、扩展并运用学科知识、加强技能和智能训练为主要内容的班级活动。知识性活动主要是通过组织课外兴趣小组、举行班级知识竞赛、学习操作微机等各项活动，吸引广大学生积极参与。各项活动都要体现知识性与趣味性相结合，使知识性活动成为开阔学生知识视野、提高学生智力水平、发展学生能力特长的摇篮。

3. 娱乐性活动

娱乐性活动是以培养学生在文艺、体育方面的兴趣、技能为主要内容的班级活动。娱乐性活动通过组织演唱会、艺术品欣赏等活动，培养学生健康的审美情趣，形成高雅的情操，发展学生对艺术的爱好与特长。通过开展田径、球类、棋类等体育竞赛活动，使学生养成自觉锻炼的习惯，不断增强体质。

4. 实践性活动

社会实践活动旨在沟通学校、社会、家庭之间的联系，把学校教育同社会教育紧密结合起来，进而提高学生的社会实践能力。实践性活动通过组织学生参观访问、实地考察、写调查报告，以及参加公益劳动和社会服务等活动，引导学生接触各行各业的人们，了解社会，增强热爱劳动人民的感情和社会责任感。

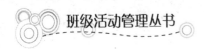
第二节　班级活动的原则

一般说来，中小学生喜欢参加生动活泼、富有情趣的班级活动。在这样的班级活动中，学生们通过各种感官感受事物，接触各种人与事，从中获得知识，开阔视野，增强思考能力，同时学到相应的技能，提高实践能力。因为在这些活动中不仅要看、要听、要想，而且要说、要写、要做。从活动的准备到活动的进行，学生可以得到一系列学习、锻炼的机会。班主任要根据教育的主题、本地本校本班的实际情况，选用适当的班级活动类型和形式，以求获得最佳的效果。在开展班级活动时，应遵循以下几个原则。

一、主体性原则

班级活动的教育意义是多方面的，它可以提高学生的思想道德水平、开发学生智力、提高实际操作能力、增强审美情趣、强身健体等等。好的班级活动应当贯彻主体性原则，即让全体学生动起来，让班级的组织机构动起来。活动中，班主任只能做指导，绝不包办代替。学生只有在亲自做的过程中，才会获得有利于其形成良好道德习惯的感受和体验。

因此，在制订班级活动目标时，应寓庄于谐，寓教于乐，最大限度地发挥班级活动的教育作用。比如召开"我们小队能人多"的班会，其活动目标是：（1）通过展示各小队制作的一期专题墙报，使大家体验合作创造的愉快；（2）夸奖对集体献计献策的能人，激励大家为集体贡献才华。这样的定位，受夸奖的面广，有利于调动全班每个学生的积极性。

主体性原则主要是体现在活动内容上。如以"我为奥运出份力"为主题，在社区宣传环保知识，可以增强学生和居民的绿色奥运意识；组织"电脑与人脑"的讲座，可以使一些人改变沉湎于游戏、忽视学习的做法；开展"选爱心大使"活动，奖励给他人送温暖的行为，可以培养学生的爱心；举办"祖国，力量的源泉"的报告会，以及动手自理的"野炊晚会"、增强体力的"跳绳比赛"等活动，都能从不同侧面使学生受到教育。

活动过程也要体现主体性原则。首先，活动的名称要有吸引力，要让学生喜欢，乐于参与，如"救救地球妈妈"、"假想旅游"、"星空探秘"等等。其次，活动的场地要有教育氛围，标题的书写、展板的摆放、桌椅的形式都要进行整体设计。在活动过程中，要最大限度地让学生动口、动手、动脑，在亲身实践中受到教育。最后，活动的总结不容忽视。可以是班主任总结，也可发动学生自己总结收获和体会，以利于以后活动的开展。

二、时代性原则

要让学生触摸时代的脉搏，就要选择有时代感的班级活动主题。具体做法是：

1. 从时事中抓题材

开展班级活动，要善于从时事中抓住有教育意义的题材。如：美国和韩国在日本海举行联合军事演习，有的班主任及时抓住这类的事情，组织全班同学一起来对当今世界形势进行分析，有利于认识清楚国际上各国军事和经济力量的情况。

2. 从生产、科技发展中抓题材

当今，科技的迅猛发展无不影响着学生的生活。一些学校的班主任善于从科技发展中抓班级活动的题材，如北京海淀区某学校开展"我眼中的中关村"主题班会，学生们发言中有调查、有访问、有畅想、有决心，大大激发了学习热情。再如，现在不少学生家里有电脑，有的班主任组织一些电脑水平高的学生向大家讲解、演示自己的网页，鼓励更多的学生在网页制作中学习新知识。又如一些学生利用自己的博客、班级的博客，以及同学朋友的博客进行一次生动的"我的博客"展示会，与同学和老师共同分享自己生活、学习的点滴收获。

3. 从身边的新鲜事中抓题材

开展班级活动，还要善于从发生在学生身边的事情抓题材。如有的学校成立少儿环保志愿军，组织学生投入环保，召开"救救地球妈妈"主题班会。会后，学生们积极上缴旧电池，分别被评为环保志愿军的"上尉连长"、"中尉副连长"等职。从此，搞环保活动成了班级一大特色。在西部开发的潮流中，有的班级开展与西部少数民族学生通信的活动。在"同年龄、同年级、同进步、同成长"的主题班会上，学生们交流了与少数民族学生通信过程中的收获和体会，家长畅谈了学生在通信过程中的成长。这一活动，促进了学生珍惜大好条件、努力学习的自觉性。

三、多样性原则

班级活动要达到理想的教育目的，必须注意活动内容、活动形式、活动组织方式的多样性。首先，是活动内容多样性。开展班级活动要兼顾学生德、智、体、美、劳各方面的素质，使活动既有教育性又有趣味性。如有个班级在制订活动计划时，主题是"通过活动促进学生全面发展"。在具体安排上，既有思想教育方面的"一日常规我知道"、"集体在我心中"活动，又有学习方面的"智力竞赛"活动；既有发展体能的"乒乓球比赛"活动，又有图文并茂的"手抄报汇展"；还有"科技小制作"班会。活动内容多样化，使所有的学生都有施展才华的机会，都获得成功的体验。

其次，是活动形式多样化。中小学生喜欢求知、求新、求实、求乐，班级活动形式必须丰富多彩，变化新奇。如班级活动的内容是"心中有他人"，在形式上要多样化：可以开故事会，讲英雄模范的事迹；可以把本班同学的好事编成节目演出；可以给退休老人送温暖；也可以去医院看望患白血病的儿童。又如班级活动是"中秋佳节化妆晚会"，可以有歌舞表演、民间传说介绍、即席演讲、谜语竞猜、点蜡烛、吃月饼等多种形式。这样，让所有参加活动的学生都感受团圆，体验快乐。

再者，活动的组织方式多样化。除了班级集体活动，还可以是小组活动、社团活动，甚至是三五个人自由结合的活动。开展班级活动要兼顾学生的兴趣、爱好和发展需要，使之富有实效性。

四、整体性原则

整体性是指班级活动的内容、活动的过程、活动的教育力量成为一个系统，也就是用整体的教育思想指导活动，达到教育目标的整体性和学生身心发展的整体性。

从活动内容看，要有整体教育的考虑，要包含德、智、体、美、劳诸方面，使学生得到多方面的教育和发展。从活动的过程看，整体活动和个别活动是辩证统一的。就一次活动来说，只有从酝酿、设计、准备阶段发动学生全身心地投入进来，活动实施时才会有激情，其教育性也就蕴含其中了。

活动之间应有系统性和连贯性的安排。如北京某学校的一个班级，

在申奥的系列活动中，分别搞了"我爱北京好风光"、"北京人爱运动"、"我是环保小卫士"、"学好知识迎申奥"几个活动，学生们分别从首都的建设、经济、科技、交通、环保及人们的精神面貌上交流了盼奥运的心愿。在这个系列活动中，前一个活动的结束成为后一个活动的起点，后一个活动巩固、强化了前一个活动的教育。这样一环套一环，循序渐进地进行活动，整体性的教育效果就显露出来了。

班级活动还要尽可能地发挥学校、家庭、社会的整体性教育功能。可以请家长参加班级活动、作报告、出竞赛题、给学生写信等等。如果组织外出活动，可以请家长委员会一起参与，创设开展活动的条件，在争取社会力量配合时，可采取请进来、走出去的方法，如邀请解放军、科学家、先进青年等到班里来座谈；或者走访革命老前辈、科技园区的创业人士，或者与退休的老人联欢，或者参观博物馆，进行环保小调查等。教育力量的整体性，使班级活动由封闭转为开放。

五、易操作性原则

1. 要注意活动的规模

日常活动基本上是每天要进行的，因此要短、小、实。短，即时间短，一般三五分钟。小，即解决小问题，或针对班里的情况一事一议，或对一种行为展开评价，或背诵一首古诗，或表扬一个同学。实，即解决问题要实际，一次集中解决一个问题，不面面俱到。形式上也要保证实效，可以有全班、小组、同桌活动几种形式。

主题班会一般是全体参加，一个时期搞一两次。举办主题班会，应当注意：一是目标适宜，即一次活动要达到的目的不要定得太多，一至两个即可；二是主题集中，即一次确定一个主题，力图给学生留下深刻的印象；三是过程简洁，即班会的程序要清楚、明了，场面不宜过大，容量以一课时为宜。

2. 要注意活动的频率

一学期里，班级主题活动的次数不宜过多。活动过多，学生花很大精力在活动上，必然会影响学习，造成一些学生静不下心来学习。活动过少，学生会感到枯燥、乏味，滋生出一些不健康思想，导致班主任疲于应付偶发事件。至于活动多少为宜，要依据具体情况而定。

3. 班级日常活动要形成自动化操作

如上操、查卫生、主持"每日一说"、读"班级光荣簿"等，每天有专人负责，固定时间进行。每一次大的班级活动，事前要制订详细的方案。谁主持，谁发言，谁表演，谁负责录音，谁总结都要事先安排。这样，操作起来才能有条不紊，顺利地进行。

第三节　班级活动的实施办法

组织班级活动，必须掌握正确的实施办法，从活动的选题确定，到制订活动计划、具体准备工作，再到班级活动展示和具体实施，再到最后的班级活动总结，都需要讲究方法。

一、班级活动的选题

这是组织班级活动最初的也是最重要的工作之一。活动的题目选不好，活动就搞不好。我们所说的选题，主要是指活动内容主题的选择和确定。选题需要经过以下三个层次的工作。

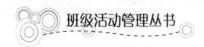

1. 班主任的充分思考

班主任对每项活动要事先有数。选题设想要注意几个方面：第一，班集体奋斗目标和班集体建设计划是否适合当前班集体建设内容的需要；第二，班集体的现实情况是否有急需解决的热点问题；第三，是否与学校的教育计划和教育活动安排冲突。这几个方面是班级活动选题的重要依据。有不少班主任早在学期之初，就已胸有成竹，对每个阶段的活动有了安排。但此时，也还需重新审度一番，看看原来的设想与当前的形势是否完全适合。如有不适合之处，需作必要的调整。

2. 班委会的充分讨论

班主任可以把自己的设想向班委会成员报告，也可以引导班委会进行酝酿，特别要引导班委们考虑几个方面的参照情况。要允许学生提出独立的见解，在大家畅所欲言的基础上进行归纳。大致内容确定之后，商量活动如何进行。

3. 由班委会向同学征求意见

班委会要采取个别交谈或开小型座谈会的方式，征求全班同学的意见。对同学们的反馈信息，要认真收集、整理，作为组织活动的重要参考。有些活动，还可征求任课教师、校领导以及部分家长的意见。

二、制订活动计划

选题确定之后，由班主任和班委会共同制订活动计划，并且落实组织工作。活动计划应该包括以下内容：活动的内容和目的、活动的基本方式、活动的组织领导、活动的时间和地点、活动的具体准备工作等等。

活动计划应该由活动的负责人书面写成。每一项内容要反复斟酌，以便落实。组织领导要明确具体分工：谁总体负责，谁负责宣传，谁负责对外联系，谁负责组织发言或节目，谁负责布置会场，谁做主持人等等。

在组织工作中，有两点要特别注意：一是发动全体同学参与活动，尽最大努力消灭"死角"。针对班级存在的问题开展活动，更要注意与问题有关的同学的活动"角色"。要选择适合的"角色"让他们承担，以突出活动主题，发挥教育作用；二是考虑可以借助的力量，请能为活动"增色"的班外人员参加。

三、具体准备工作

准备工作的关键是抓落实，主要负责人要检查每一项任务的落实情况。有些任务，难度较大，要多花精力，比如要求同学发言或演节目的活动，要写稿子或提纲或进行排练，否则就难以保证质量。又如外请人员讲话，更需要具体落实。人家是否有时间，希望人家讲什么内容，都得定好。倘若期望通过外请人员讲话解决班上一些具体问题，就要如实地向讲话人汇报班级情况，以提高针对性。

在准备工作中，主持人如何主持活动是不能忽视的。他必须对主持过程有详细计划，而且要写出主持词。开头与结尾以及中间各活动内容的衔接都要写好，并进行必要的演练。值得注意的是，在有些调研活动中，比如实地调查，要注意与当地有关部门进行沟通，要有所准备以有所收获。

四、班级活动展示

这是为了展现学生参与活动与调研的成果。活动展示需要考虑以下三点：第一，是否发动每个同学出来展示成果，并不是每个同学都必须成为展示的主角，但是应当给予配合与合作；第二，是否借助多种媒体

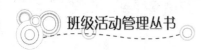

来展示成果，可以借用录像、电脑等多媒体手段，也可以通过学生表演来展示成果；第三，展示现场即会场布置得好不好，直接关系到活动的气氛和效果。

布置会场的基本原则是：适合活动主题，创造良好环境气氛。有的活动庄严、肃穆，会场就要整洁、质朴，色彩不要过分鲜艳；有的活动欢快、活泼，会场就要美丽、大方，色彩可以鲜艳些。黑板、灯光、桌椅摆放和必要的装饰物，都要从活动主题出发进行设计。

五、班级活动实施

活动实施是班级活动开展的关键步骤，也是活动全过程的高潮。如果准备工作做得充分，达到高潮就有了基本的条件。为了保证活动的成功，需要注意以下几点：

（1）全班同学的精神状态。活动实施前的一至两天时间，班上要创造一种准备积极投入活动的态势，发出具有鼓动性和号召力的信息，班级骨干和每个成员都要表现出积极的姿态。此时，往往会出现干扰因素，比如班上出现了某种偶发事件，引起情绪波动，或者有人对活动抱怀疑态度，说风凉话等。这需要班主任和班委会及时作出处理，调整大家的心理状态，使干扰降到最低限度。

（2）处理好活动过程中的偶发事件。活动进行过程中，难免出现始料不及的问题：突然停电，录音机卡壳，发言或演节目的人过分紧张忘了词，突然有人不舒服……除非出现使活动不得不停止的事情，否则应妥善处理偶发事件，继续进行活动。必要时，班主任要出面说几句话，使大家保持平静。

六、班级活动总结

活动究竟搞得怎样，收获有多大，缺点是什么，都得通过活动总结才能清楚。总结的方法多种多样，如开小范围的座谈会、写活动总结、广泛征求意见、开全班总结大会等等。

不管用一种或是几种方式，班委会的总结是必须进行的。班委会要对活动的全过程进行反思，从选题开始，直到结束。班委会的总结内容，还要以口头或板报的形式通报全班同学，以便听取反馈意见。

第四节　主题班会的实施

班会，是在班主任领导下进行的学生会议，是班集体全体成员的会议，是学生组织生活的一种形式。它对于形成班级良好的集体舆论，建立良好的班级秩序起着重要作用。定期举行班会，是对学生进行教育的一种最普遍、最有效的工作方法。

班会是中小学生课程计划中活动课程的内容之一，是目前中小学全面培养学生高尚的思想道德、丰富的科学文化知识、良好的心理素质以及实际动手能力，是实施素质教育的有效载体。因此，班主任要认真研究主题班会的内容和形式，充分发挥主题班会的教育功能。

班会的基本任务是讨论班集体工作的目标、讨论集体成员共同关心的问题、开展批评与自我批评、统一学生的思想认识、密切师生的关系、丰富班级的活动内容等。班会活动最大的好处在于通过班上的典型事例，让学生发表自己的意见，使大家在思想上弄清是非，明确努力方向，这对于建立牢固的班集体和促使大家互相关心、互相帮助都有极大的裨益。在班会上，每个成员都可以自由地发表个人的见解，可以对有过错的同学和不良现象提出批评，同时也可以进行自我教育。

班会具有灵活、生动、适应性强的特点，它是向班集体进行教育的

最常用、最有力的手段，是班主任充分发挥教育才能的广阔天地。通过班会，引导学生分析研究班集体的学习、思想品德和健康状况，提出巩固和发展班集体的措施，帮助学生分析和总结自己的班风。同时，通过班会，班主任还可以向班集体提出新的奋斗目标，制订新的工作计划，克服班集体中存在的问题，促使班级工作登上一个新的台阶。

一、组织主题班会的注意事项

成功的班会，可以起到感召和促进学生有一种积极向上的作用，可以引发学生的集体主义情感，产生团结的力量，树立良好的班风，它的作用是不可估量的。但是，班会对学生能够起到怎样的影响，还要看班会开的水平。在组织班会的过程中，应该注意做到以下几点。

1. 明确目的，选好主题

目的是活动最终所要达到的结果。一次班会要达到什么样的预期效果，作为组织者来说，事先是要非常清楚的。只有明确了活动的目的，才有活动的方向，所以确定班会的目的，是开好班会的重要组成部分。不同的班会有不同的目的，应根据学校各个时期的中心工作，结合班级具体情况和学生实际，适时确定班会的目的，做到有的放矢，讲求实效。同时，作为主题班会，最为重要的是主题突出，选择恰当。主题选择一要与班会的目的相对应；二要符合中小学学生的心理需求，能引发学生的兴趣，调动学生的积极性；三要内涵丰富，既有思想性，又有时代性；既有知识性，又有趣味性。

2. 良好的情境，充分的准备

所谓良好的情境，是指要注重会场的布置或场地与主题内容的和谐。情境，作为主题班会的客观因素，如果利用得好，将起到意想不到的效果。良好的情境，能使同学触景生情，增加感染力，给学生留下深

优秀班集体的建设与维护

刻的印象和难忘的记忆。

充分的准备也是主题班会成功的保证。俗话说，不打无准备之仗。要想提高班会的教育效果，达到预期的目的，班主任一定要做好充分的准备工作。准备形式可以是公开的，即指定代表发言；也可以是保密的，悄悄让大多数同学都有任务，让同学们都带着想得到什么和想发现什么的求知欲来参加活动。不管采用何种形式，都要求组织者事先深思熟虑，精心安排，并把自己的意见、想法打算和所要解决的问题告诉学生干部和积极分子，向他们讲清楚，使自己的想法变成集体的想法，并采纳他们的合理意见，使准备工作更为周密完善。同时，做好思想动员工作，发动全班学生一起出主意、想办法，献计献策，充分调动学生的积极性，这种准备的过程也是教育学生的过程，它本身就具有强烈的集体主义和民主作风的教育因素。在组织班会过程中要克服两种倾向：一是包办代替，大包大揽，束缚学生的手脚，降低学生的积极性；二是全盘撒手，不闻不问，一切都推给学生。

要做好班会的准备工作，还必须有周密的计划。学期开始时，要根据学校总的教育工作计划，结合本班实际定出本学期的班会次数、内容和方法。每次主题班会也要有详尽的计划，班会的内容要注意衔接，具有连续性，做到在前一个班会的基础上进行下一个班会，下个班会又为以后的班会创造条件。

但是，准备主题班会，千万不要为应付检查或观摩进行预演，因为预演过后，学生的感情无法真实流露。同时，在思想上也容易给学生带来弄虚作假的不良影响。

3. 学生为主体，教师为辅导

主题班会是对学生进行思想品德教育的较好方式，同时也是学生进行自我教育的一种手段。因此，在准备、组织和召开班会的过程中，要充分发挥学生的主体作用，让学生当主人，培养他们独立工作的能力和民主作风，尤其要注意培养学生干部的组织才能，尊重学生的意愿。班主任自始至终起启发诱导作用，引导班会沿着正确的方向进行，指导学生做好班会的各项工作，帮助学生在班会上进行认真地、民主地、自由地讨论，鼓励学生发表不同的见解，决不能压制、粗暴干涉学生的发言，更不能将自己的意见强加到学生头上。对于出现的一些差错，也要通过摆事实、讲道理的方式，加以耐心的启发和说服，澄清认识，辨清方向，以求逐步达到思想上和行动上的统一。这样，既能动员全体学生参与活动，调动学生的主动性、积极性，又能灵活掌握活动的过程，达到预期效果。

4. 做好总结，检查效果

每一次班会结束后，班主任都要做好总结，分析优缺点，加深学生的认识，并指出今后努力的方向。对于在班会中出现的曾经引起争议的问题，班主任应提出自己的见解，或者表示一种肯定的结论式的意见，以便统一全体学生的思想，把班会的决议贯彻到今后的学习和生活中去。同时，班主任还要做好班会效果的检查巩固工作，使班会的影响力扎根到学生心中，落实到行动上，使班会起到它应有的作用。

二、各类主题班会的实施举例

1. 活动性班会

活动性班会是借助于具体活动而进行的班会，是以"玩"的形式出现的。这种班会大多在室外进行，有时也可在室内进行。活动性班会以游玩为主，玩中受益，寓教育于"玩"的活动中。通过活动，引导学生观察生活，激发情感，发展个性，扩展视野。

活动性班会以活动为主，所以进行这类班会必须事先有充足的准备，包括精神的和物质的准备。要充分估计到可能出现的问题和将面临的困难，计划好活动的具体步骤，应付各种风险的出现。同时，要求班集体要有良好的班风和较强的凝聚力。

活动性班会寓知识性、思想性和趣味性于一体。要使学生在活动中获得乐趣，体验到愉悦的情感，班主任就要对活动做必要的组织和指导，切实搞好管理和保护工作，尽可能满足学生的需要，依据学生的兴趣设计安排活动进程。既不能管理过严，挫伤学生活动的积极性，又不能撒手不管，放任自流。

活动性班会尽管以游玩为主，但自始至终都贯穿着明确的目的，即借助于游玩活动对学生进行思想品德教育，使学生获取一些课外知识。为使这些活动能取得预期的效果，在活动结束后，班主任要及时做好总结，有时还要进行评比，为进行下一次的活动奠定基础。

2. 知识性班会

知识性班会以学习知识、培养能力、增长才干为主，是发展个性的良好手段。知识性班会的内容很多，形式多样。可以是动脑的智力竞赛，也可以是动手的设计制作竞赛；可以是参观访问，也可以辩论会；可以是经验介绍，也可以是专题讲座等。不管以何种形式进行，目的只有一个：创造条件，把学生引进知识的海洋，鼓励学生放开思路，发展个性，增长智慧。

以学习知识为主的专题班会，设计和组织时要有针对性、专题性和趣味性，形式要灵活，特色要鲜明，要以诱发学生的兴趣和创作热情为出发点，既要扩大学生的知识面，发展学生的思维，又要对学生进行思想教育。如组织"追寻成功者的足迹"的专题读书活动，让学生有计划地阅读成功者的传记、撰写读书心得、刊出黑板报、进行读书心得交流等。通过活动，积累了知识，增加了信息量，丰富了学生的想象力，开发了学生的智能。

3. 节日性班会

一年中有很多的节日，这是进行思想品德教育的极好机会。班主任应借过节之机，根据班级的管理目标和学生的具体情况，坚持开展不落俗套的班会活动，借以放松学生的情绪，增强学生间的团结，鼓励学生发展个性，丰富学生的生活，实现愉快教育之目的。

节日性班会，一般要在喜悦、热闹、轻松、愉快的情境下进行，创造一种活泼、欢畅的氛围，使学生有一种新鲜感，乐于参加，让学生在愉快和笑意中感受到生活的真、善、美，享受班集体的温暖，从中受到教育。

节日性班会要各具特色，根据节日的性质与特点，举办不同内容不同形式的班会，要最大限度地吸引师生参加，内容和形式年年都应有新意、有创新，以便给大家留下深刻的印象，决不能千篇一律，陈腔滥调，给人以陈旧呆板之感。

节日性班会的形式，不拘一格，复杂多样。如展览会、篝火晚会、游戏、表演、比赛、演讲、朗诵、舞会等。如《中秋月光晚会》，有的教师一反过去吃月饼、做游戏、唱歌跳舞搞联欢的做法，代之以全新的设计：从嫦娥奔月的故事讲到阿波罗登月的趣闻；从中秋佳节倍思亲，想到一国两制等。由于内容的更新，形式的奇特，学生兴趣盎然。学生了解了人类征服和探索太空的愿望，便激发了要为人类掌握太空奥秘作贡献的远大理想。

4. 教育性班会

教育性班会，可以是针对班内存在的问题，如班内纪律、学习态度、文体活动、劳动问题，以及为帮助个别同学而举行的班会，也可以是理想教育、人生观教育、青春期教育等班会。教育性班会一般由班主任教师设计、准备及主持的，教师控制着班会的整个过程，引导班会向预期目标进行。

教育性班会的形式也是多种多样的，如教师的独幕戏、同学之间的辩论会、专家学者的专题报告、座谈会、学生的游戏活动等。教育性班会要求小而精，形式不宜过于严肃，要给学生创造一个宽松、愉悦的环境，使学生在愉快、舒畅中自然而然地接受教育。

教育性班会的主要目的，是对学生进行思想教育，纠正学生的不良思想倾向和习惯，使之树立良好的思想观念。而良好思想观念的形成，又不是朝夕之间就能完成的，也不是一次两次班会所能解决问题的。因此，教育性班会应具有连续性、系统性、整体性的特点。借助于多次的活动，使学生受到一次又一次的教育，加深印象巩固成果。

5. 民主生活性班会

民主生活性班会，也就是学生自己组织的班会。由学生自行设计、自行召开，借以培养学生的组织能力和管理才能，使他们在实践中受到锻炼，得到培养。

民主生活性班会要坚持以学生为主，教师为辅的原则；要有学生自己的风格，体现学生自己的特色，由学生自己组织，自己安排，教师只起启发、引导的作用，要充分尊重学生的意愿，决不能横加干涉。只要不违犯规章、纪律和政策，只要不产生不良影响，都要由学生自主活动。教师只在必要时出主意、当参谋。

民主生活性班会的内容、形式、步骤、方法、要求等，都由多数同学讨论确定，教师要充分调动学生的积极性，激发他们的热情，鼓励他们动脑筋，想办法，由班委会或团支部出面组织安排，有时也可指定某同学出面主持。

民主生活性班会，不限时间和场地，一切由班级的特点或学生的兴趣决定，寓教于玩，使学生在自己的天地和活动中受到良好教育。

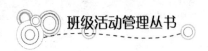

第五节 班级活动的创新

班级活动是促进学生的身心发展与班级进步的重要手段，然而班级活动中却存在着一些问题：有的目标模糊，针对性不强；有的内容缺乏时代感，令学生厌烦；有的过于集中在德育或文体活动上，而忽视科技教育、网络教育、心理健康教育；有的形式呆板，一味灌输，缺乏趣味性……那么，怎样才能使班级活动不断创新呢？

一、班级活动的观念创新

班级活动能否创新，关键在于教育者的观念。班主任要树立教育民主观和现代学生观，承认学生的主体价值，建立起民主和谐的师生关系。要认识到学生具有巨大的潜能亟待开发，开展班级活动是开发学生潜能的有效途径；要承认学生是具有主体地位的人，尊重学生的主体人格，激励学生主动参与班级活动。

学生参与班级活动是一种认识、实践、感悟的过程。没有学生的主观能动作用，认识、实践、感悟就不可能有效地进行。主体的感知、思维、想象、体验是别人无法代替的，主体认识的内化过程也是其他人无法代替的。因此，在班级活动中，班主任必须调动学生的主观能动性。

班级活动的创新是指由学生和教师一起选择、设计出新颖独特、主题鲜明、教育意义深刻的班级活动，并由师生积极参与、全员合作、培养学生主动性的一种教育方式。班主任应为学生提供创新的氛围、契机和一定的空间，鼓励和引导学生在各项班级活动中思索、探求和创造，从而培养学生的创新精神和实践能力。

在班级活动中，班主任常常扮演组织者和领导者的角色，学生则常常扮演服从者和参与者。久而久之，学生就会缺乏创造热情，机械地或被动地成为听话和服从的"好学生"，这样就把学生的创新意识和创造热情压抑了。

如果班主任在活动实施前能够与学生进行平等的讨论，鼓励学生敢想、敢说、敢做，这样就会形成一个宽松的氛围。只要班主任能够肯定、尊重学生的每一个建议和见解，久而久之，学生就敢于标新立异，具有向一切人和事挑战的勇气。一个民主、自由、和谐的氛围，能够为学生创造力的爆发提供极好的空间。

二、班级活动的手段创新

如今，大家面对的世界日新月异，教育环境更是今非昔比。在强调课程知识体系创新、学生能力创新的同时，班主任应该在班级活动的内容、方式、途径等方面有所创新。创新是一种智慧，这种智慧需要在日常工作中积淀。一个好的班主任，决不满足于一成不变的教育模式，而是让班级活动搞得有声有色，让学生不断产生惊喜，觉得太阳每天都是新的。

随着时代的发展，科技给我们的生活带来了很多的变化和精彩。班主任应根据这些变化丰富班级活动。比如，对于学生而言，手机、MP3、学习机、电脑、网络、游戏是这个时代赋予他们的一种享受、一种时尚。我们不能将学生与这个社会隔绝，要尊重这种时尚的存在，并利用这种时尚为教育，特别是为班级活动注入新的元素。

很多班主任在设计班级活动时，常常埋怨素材的缺乏与手段的陈旧。其实，班级活动的创新在很多时候仅仅是需要一个新鲜的主意、一个特别的手段。比如，有的班主任使用数码相机这个现代的记录手段来记录学生的生活与情感，并且与他们进行积极的沟通与交流。通过实施

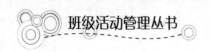
有效的激励，调动了学生的积极情感，激发了学生的兴趣。

几十年的应试教育在教师的心中烙上了烙印，也为学生设计了人才的标准模式，即读书考试。为了在考试中有效地考得分数，就连学生的班级活动也成了应试教育的阵地，把学生的思维固定在考试内容的狭小范围内。这种标准化、重复性、极端枯燥的训练，侵犯了素质教育的领地，实质上扼杀了学生的想象力和创造力。

班主任应该创设有趣而又有意义的班级活动，营造一种宽松的教育氛围，给孩子们一片自由想象的天空和净土，在班级活动中积极地成长。班主任应该充分利用班级活动开发学生的智力，发掘学生的潜能，激发学生的创造意识，使我们的学生成为创新型人才。

第七章
班集体生活建设

　　教育目的决定教育的形式、手段、内容以及教育产品的质量，所以教育改革的突破应该首先是教育目的的突破和教育理念的创新。"学会生活"作为一种教育理念，它把教育功能的社会本位和个人本位两种目的观有机地结合起来，强调教育不仅要培养社会所需的人才，而且应当关注个人身心的健康发展、生活的幸福美满以及人格的健全与完善，使社会的进步同步地体现为每一个公民更高质量的生活。

　　因此，教育应该承担的一项重要功能就是指导受教育者"学会生活"。"学会生活"，不仅仅是为了满足个体生命的需要，也是为了提高生活的层次、生命的质量。

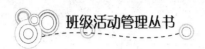

第一节　培养学生日常生活能力

　　班级是学校教育的基本组织单位，生活其中的学生在此慢慢学会公共生活的规则。可以说，班集体生活是把学生从自然人教育提升到社会人的最重要的途径。班主任是班级的组织者、学生生活的指导者，他们的有效工作可以使学生的集体生活井然有序，并能帮助学生平稳度过人的社会化发展的重要时期。一个称职的班主任应当充分利用集体中极其丰富的教育因素，牢牢抓住学生"生活能力"培养这个根本，并将其贯穿于一切育人活动之中。

　　1993 年 7 月，孙云晓先生在《夏令营中的较量》一文中，详细记载了中日两国学生在夏令营中的情况，用生动的语言、形象的对比指出了中国学生的野外生存能力远不如日本学生的事实，这在当时引发了一场教育大讨论，学生日常生活能力的提升成了众人关注的焦点。可惜的是，十几年过去了，这个问题并未得到根本解决，似乎更严重了。

一、学生生活能力缺失的原因

　　现在的中小学生普遍缺乏生活自理能力，对学校的集体劳动也显得被动无奈，更可悲的是学生家长尚没有认识到问题的严重性。诧异的同时，我们必须首先对这一现象产生的原因进行梳理与分析。

1. 家庭劳动意识教育的缺失

　　现在的中小学生大多是独生子女，自小娇生惯养，很多家长认为，过去"穷人家的孩子早当家"，现在条件好了，电气化、自动化程度越

优秀班集体的建设与维护

来越高，不论社会工作还是家庭生活，需要劳动的地方越来越少，就更没必要让孩子劳动了。

所以，在孩子愿意参与到家务劳动的阶段，就把孩子必要的劳动（包括自我服务性劳动）全包下来。孩子上学后又怕影响学习，更是越俎代庖、包办一切，从铺床叠被到洗碗梳头，从整理书包到洗衣做饭，事无巨细，一律代劳，个别家长甚至还到学校替孩子做值日。

久而久之，饭来张口、衣来伸手便成了习惯，孩子的自理能力成了问题，家长想不"溺爱"也没办法。

另外，不少家长对劳动教育的重要作用缺乏应有的认识。比如有的家长认为"万般皆下品，唯有读书高"，对孩子的教育中也充满了对劳动的轻蔑与厌恶，而这种教育的结果必然使孩子认为普通的体力劳动是最下等的事情，躲避劳动、鄙视劳动便成为必然。

2. 学校教育重智轻劳的偏误

在升学率、优秀率、合格率的巨大压力下，大多数学校把工作重心放在提高学生的学业成绩上，重智育轻劳动教育的现象普遍存在。

由于劳动教育未列入学生升学考试之列，一些学校片面追求升学率，劳动教育已被打入"另册"。不少学校根本不开设劳动教育课，有些学校把劳动课纳入了教学计划，也排上了课程表，但没有确定专职、兼职教师，劳动教育课经常被其他主要学科挤占。

至于劳动手册上的日常生活能力考核表，许多班主任往往是只求完成档案走过场。还有些班主任虽然认识到劳动意识和自理能力培养的重要性，但也常常为学校的压力、家长的期望所左右，把学习成绩作为衡量学生的唯一标准。

劳动在一些学校被个别教师扭曲异化成惩罚"问题"学生的手段，这种所谓的"劳动教育"使学生对劳动产生不良的心理定势，错误地把劳动视为"劳动改造"，对劳动产生抵触情绪和逆反心理，进而躲避、厌恶劳动。

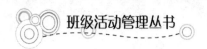

3. 消极社会观念的影响

当今社会，拜金主义、享乐至上、贪图享受的观点颇为盛行，疏远和轻视劳动的现象也日渐突出，能够少劳动或者不劳动成了某些人津津乐道的谈资，长期的耳濡目染极易使心理机制还不够成熟、缺乏辨别力和抵抗力的学生迷失方向，有的学生甚至把摆脱从事体力劳动的命运当成他们用功读书的动力。

二、培养学生生活能力的方法

学会自我服务是现代人必备的品格，是生存和发展的前提条件。很难想象，一个连劳动意识和自理能力都没有的人会有什么责任感。班集体建设中，班主任应从以下四方面着手唤醒学生的劳动意识，培养学生的独立精神。

1. 加强劳动和自理意识教育

培养学生的自理能力，必须从学生的意识层抓起。班主任要充分发挥教育主阵地的作用，经常性地利用晨会、班会等活动进行正面引导，加强劳动和自理意识教育。

首先，要以社会发展历史、家庭生活实例说明劳动对于社会、对于国家、对于个人的意义，让学生从思想上认识劳动的光荣神圣，教育和引导他们吃苦耐劳，树立"以辛勤劳动为荣、以好逸恶劳为耻"的荣辱观。

其次，建设以"自理自立"为荣的健康班风，渗透"一屋不扫何以扫天下"的理念，让学生明白，每个人相对于外界都是独立的，学会自理、学会生存是人生不可或缺的必修课。我们只有学会自我服务、做生活的主人，成年后才能顺利步入社会生活，才能在人生选择中做出自主的判断，在成人的基础上进而成才。

再次，苏霍姆林斯基指出，"儿童的心灵是敏感的，它是为接受一切美好的东西而敞开的。"如果教师诱导学生学习好的榜样，鼓励仿效一切好的行动，那么，学生身上所有的缺点就会没有痛苦和创伤地、不觉难受地逐渐消失。

所以，教育者应充分发挥优势群体的作用，以榜样的优良品质和模范行为去影响感染其他学生。班集体中，班主任可以树立两种类型的榜样，一是学生榜样，二是成人榜样。其中班主任的榜样示范作用更为显著，班主任自身的自理能力和对学生自理能力的关注程度将直接影响学生自理意识的形成与发展。

2. 依凭实践，帮助养成劳动习惯

"以辛勤劳动为荣、以好逸恶劳为耻"的荣辱观不同于一般的道德观，它对人的影响不仅表现在是非判断上，更表现在实践行为上。班主任应把劳动教育融入学生的生活世界，依凭具体的实践活动促进学生体验并建构，进而养成劳动习惯。

首先，班主任应根据学生实际情况，把劳动项目分解为一个个具体的学习目标，每个目标都有可能性、可检性和操作性，目标与目标之间相互连贯，由简单到复杂，从低级到高级，让学生感到经过努力完全有能力实现。

其中，尤其要注重学生生存能力的培养，帮助他们学会料理和调控自己的生活，如低年级学生自己穿衣服、削铅笔、上厕所；中年级学生自己洗澡、洗小件衣物；高年级学生自己能洗衣裤，自己做学习用具，会做简单饭菜，等等。

其次，人的一切力量来自于自我认识、自我觉醒、自我肯定。许多学生缺少独立精神或是信心不足，很重要的原因就是对自我缺少正确的了解，看不到自己的能力和潜力，自我评价消极。

因此，培养学生的自理能力，还必须要对学生进行自我认识的"启蒙教育"，这种启蒙教育应当以自我肯定为核心。可经常开展一些

生活和学习的自理竞赛，让学生在学习培养整理书包、打扫教室、系红领巾等自理能力的过程中，尝受成功的喜悦，逐步树立自理、自立的信心，久而久之，他们的依赖心理也会逐渐减少。

再次，不难理解，在家庭剥夺、削弱学生劳动机会的前提下，学校培养学生自理能力的努力必然会事倍功半，因此，班主任应和家长谋求一致，积极互动，形成教育合力。

在班集体建设中，班主任应定期开展家长交流会，帮助家长了解独立生活能力提升对子女成长的必要性和迫切性，让他们懂得：仅有望子（女）成龙（凤）之心而无望子（女）成龙（凤）的教育，良好的愿望是难以实现的，同时鼓励他们大胆地放下"保护伞"，树立"孩子自己的事情让孩子自己做"的观念，并创造更多的劳动实践机会。

3. 建立劳动教育的运作机制

在德国，法律规定 6 岁以上孩子必须做家务，日本和新加坡从 20 世纪 80 年代起就实行中小学生参加清洁卫生运动的规章制度。中国的一些教育专家也在呼吁：应在法制层面上强化中小学生的劳动观念，保证他们尽量多参加一些家务和社区劳动。

为了使劳动教育制度化，学校应建立相应的劳动教育运作机制。一是约束机制，把劳动教育作为学校教育教学的有机组成部分，有计划，有考核，有总结，每个部分和环节都有严格的规定，互相沟通，互相制约，使劳动教育运转有序；二是激励机制，把劳动教育纳入奖罚和竞争的轨道，在班级与班级之间，学生与学生之间开展劳动教育的竞赛活动，对优秀者给予奖励，形成个个争先进、人人爱劳动的良好风气，激发学生的劳动热情，也增强他们的自信心和责任感。

4. 开展挫折教育，磨炼意志

人生的道路不可能是笔直平坦、事事如意的，即使是高科技化前提下的劳动也并不轻松。苏霍姆林斯基说过："幼年和少年时期过着无忧无虑、心满意足的生活的年轻人，在他们刚刚跨进独立的劳动生活时，往往会感到精神颓丧，对前途失去信心。"因此，让学生品尝一点生活的磨难，培养独立意识和吃苦耐劳的精神是十分必要的。例如，有意识地进行远足训练，预设困境，磨炼意志；也可组织难度较大的手工制作、技能比赛；组织学生自己粉刷教室、修理桌椅等。

在学生经历挫折的同时，班主任应及时给予鼓励或肯定性的评价以增强克服困难的勇气，同时做好引导工作，帮助他们分析受挫原因，在磨炼中造就自己坚强的性格和独立生活的能力。

当然，在引导学生独立解决难题的过程中，班主任要把握好"度"，即难题不能过度，如果总是遇到凭借自身能力解决不了的难题，总是遭受挫折，学生的独立意识反而可能会被削弱。

第二节 建立和谐人际关系

所谓人际关系，是指人们在物质交往和精神交往过程中发生、发展和建立起来的人与人之间的关系。人际关系把社会成员在相互交往过程中，将行为的、情绪的、认识的三种成分包括在调节中。行为成分包括：举止、活动、表情、手势、言语，即表现出人的个性以及其他人所观察到的一切；情绪成分包括：积极和消极的情绪状态，各种状态的冲突，情绪的敏感性，对自己、同志、工作的满意感等，即与个体状态相联系的以及能够在生理记录和主观报告中反映出来的一切；认识成分包括：感觉、知觉、表象、记忆、思维、想象等心理过程，即具有同志间相互理解的一切事物。

人际关系具有以下特征：在正式关系组织中，行为成分是调节人际

143

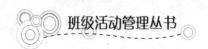

关系的主导成分；在非正式关系组织中，情绪成分承担着主要的调节功能。

一、人际关系建立的条件

在由多人组成的群体中，我们跟哪些人保持较密切的关系，即在什么情况下，容易建立人际关系呢？主要有以下几个因素：

1. 距离的远近

人与人凡是地理位置接近的，容易自然发生人际交互关系。例如在教室里座位靠近的学生与学生，彼此容易建立人际关系。

2. 相互交往的频率

人与人或由于地理位置的接近，或由于工作上的需要（如教师与学生），相互交往的次数越多，就越容易具有共同的经验、共同的话题，从而建立密切的人际关系。尤其是新生入学，教师与学生、学生与学生交往的初期，地理距离的远近与交往的频繁与否，对于建立人际关系具有决定性的作用。

3. 人际间的吸引

人际间的吸引是主体主观上感受到和体验到的时间或空间、直接或间接的、实在和希望的相互依存关系。

（1）外表的吸引性。在社会交往过程中，外表因素往往有形或无形地左右了人际间相互关系的建立与成长。外表越吸引人的，也越为人所喜爱。但是外表因素对人际关系建立的影响并不仅仅局限于男女间的关系。它是一个涉及到所有个体相互交往过程中的一个影响人际关系建立的一个心理因素。

（2）态度的类似性。人与人不仅是具有共同特征者愿意相聚在一

优秀班集体的建设与维护

起，彼此特性相反者，也有互相吸引的现象。例如，喜欢主动支配他人者与喜欢依赖别人者，其动机有相互满足的趋向，这两种人在一起相得益彰，可以维持良好的人际关系。这种情形在男女异性的人际关系中尤为常见。

（3）情感的相悦性。在社会生活中，我们经常体验到，当自己很希望得到别人的爱，而那个人也真的喜欢自己、爱自己的时候，我们就会对那个人爱得更多、更深！与此同时，由于双方心理上的接近与相互帮助，因而也就减少了人际间的摩擦事件与心理冲突，这种相互间的赞同与接纳，也是彼此间建立良好人际关系的心理条件。

二、班级人际关系中最复杂的关系——师生关系

班级人际关系是指作为主体的学生们通过活动交往在相互影响中形成的内在联系，包括垂直关系（师生之间）、水平关系（学生之间）和点面关系（个人与集体之间）。指导学生正确处理班级人际关系，创造和谐健康的人际关系，是创建班集体的先决条件，是班主任工作的重要范畴。

在班级中建立一种和谐的气氛，使师生之间、学生之间的关系和睦融洽，能有效地调动学生各个方面的积极性，能使学生个性特长得到充分发展。在班级这个群体中，教师与学生的交互作用是人际关系中最复杂的关系。

班级的规模虽然不大，但有复杂性及多样性的特点。在班集体中，教师所承担的角色，既应是某学科的专家，又应是教育者、灵魂工程师和学生成长的环境设计师；对学生升学和就业指导而言，又应是心理咨询专家。

1. 确保师生间情感交流畅通

师生关系在很大程度上影响着学生的情绪，影响着学生的学业。在

班级这个群体中，情绪是非常重要的。这种情绪体验对学生的感知、记忆、思维、想象等认识活动，都有着重要影响。因为教师教学和学生学习，共同在知识的海洋里遨游，探索未知的世界，都是艰苦的劳动，需要充沛的热情去攻关。这就要求教师要信任学生，热爱学生，进而在学生身上产生积极的心理效应，激发他们的上进心和自信心。

同时，教师的期望不同，对学生影响也不同。反过来被期望的学生的反馈又影响着教师，教师又对学生产生了新的期望。教师的期望可以使学生产生一种自信与自强的心理，促进学生在学习上的进步。这就要求教师尤其是班主任对学生要寄以深切的期望，真挚地热爱学生，确保师生间情感交流畅通，为建立和谐的班级人际关系奠定基础。

2. 注重领导方式

师生之间能否建立起和谐的人际关系，除了良好的感情基础之外，班主任的领导方式也是不可忽视的因素。有的学者把班级领导模式分为三种类型：权威式；民主式；放任式。还有一种划分方法，也分为三种类型：着重规范，以实现班级组织目标；满足学生志趣的需要；强调在角色期望与个人意愿之间灵活运用。

为了切实建立尊师爱生的师生关系，必须注重领导方式，必须充分发扬社会主义民主作风，让学生参与班级教育管理。把权威和民主、民主和集中高度统一起来。

3. 为人师表

班主任的一言一行，一举一动，都在学生的眼里，都在对学生发生着各种各样的潜移默化的影响。班主任的行为是影响师生关系的关键，更是影响学生个性健康发展极其重要的因素。因此，为了建立和谐的师生关系，教师必须加强自身修养，严于律己，宽以待人的为人师表。

班主任及任课教师自身人格对学生心灵的影响，绝不是任何教科书、道德规范、格言和奖惩条例所能替代的了的。因此，班主任要时刻自觉加强自身人格的不断完善，加强个性品质的修养与升华，严格进行自我评价。

建立和谐的班级人际关系，是班集体组织建设中的最基本要求，也是班集体组织建设最终的依归。缺乏和谐人际关系的班集体，是不可能成为一个合格的组织的。

第三节　养成团队合作精神

团队合作精神，即具有团队理念和合作能力。团队理念和合作能力是现代化意识的一个重要标志，学会合作是个体学会共同生活的前提和基础，善于合作是走向成功、实现共赢的唯一通途。

一、团队合作精神的内涵

1. 团队成员间必须充分尊重和信任

尊重和信任是合作的前提，只有建立在相互尊重、相互信任基础上的团队，才能形成和谐的合作氛围，产生良性互动、互相支持的功能。尊重的本质是欣赏，能发现他人的优点和长处。信任的本质是宽容，要善意接纳存在个性差异的他人，包括容忍他人某些方面的缺点和弱处。

2. 保持良好而有效的沟通

毫无疑问，因为个体的差异性团队中必然会有不同的观点。为了更好地合作，团队内部必须保持良好而有效的沟通，每个成员都应该在积

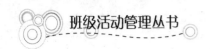

极贡献自己的智慧和能力的基础上，积极倾听别人意见，即不管这种意见是自己赞同的还是反对的，倾听者都应投入地、站在说话者的立场上理解信息。

交流和沟通应该是双向乃至多向的互通，一方的固执己见往往会造成交流不畅、沟通阻塞，严重的甚至影响团队工作的顺利开展。

3. 准确高效地形成决策

在意见纷扰、观点众多的情况下，能否迅速消除成员间分歧形成统一决策，是决定合作成败的关键一环。所谓决策，实际上就是对各种方案、意见进行评价取舍，最后将准确的意见、最优的方案变成团队的统一意志。

因此，作为团队中的一员，在团队决策过程中就不应该过分执著与强调个性的表现，有时要试着改变自己的意见和态度，需要互相妥协和认同。若遇到几种意见相持不下时，要善于用科学民主的方式做出抉择。

4. 科学合理地分工协作

通过分工和协作，全体成员得以组成一个团队整体，为了共同的目标，大家自觉地认同必须担负的责任，并愿意为此无条件地坚决执行，这也正是团队精神的基本内涵。

合理的分工，默契的配合，高效的协作，是发挥团队威力的保证。团队成员通过分工各司其职、各负其责，通过协作扬己之长、补人之短，从而达到整体绩效大于个体之和的"1＋1＞2"的效应。

二、学生团队合作精神缺失的原因

在分析了团队合作精神的内涵之后，我们发现，现实中的中小学生普遍缺乏团队合作精神，团队意识不强、合作能力不足是当前中小学生

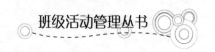

中令教育工作者头疼不已的现象。造成学生团队精神缺失的原因，既有历史文化的遗传积淀，也有社会环境的影响熏陶。

1. 学校教育定位的偏差

由于传统教育一直比较看重知识教学，追求的是高分好成绩，尤其是在高考压力下，无论是学校、教师还是学生本人越来越深地陷入应试教育的泥潭。尽管近年来提倡的素质教育已经从单纯地追求分数向更多的强调学生的能力培养方向转变，但在教学实践中对学生进行合作意识、奉献意识、团队意识的教育依然是薄弱环节。

2. 传统成才观念的影响

在传统观念中，追求出人头地可以说是中国社会对成才标准最通俗的诠释。无论是家庭中望子成龙、望女成凤的思想，还是社会上热衷于追捧状元、崇拜名人的行为，都充分说明了这一点。在这种成才观念指导下，学生无论是在学习上还是在游戏中都更注重竞争而忽视合作，更多的是将他人当作对手而不是伙伴，以致现实中排斥合作、为合作设置障碍、互相拆台的现象也并不鲜见。

3. 家庭教育的偏误

现在的中小学生大多是独生子女，是家庭的中心，成长过程中得到的过多的关爱导致其自我中心意识更易膨胀，表现在日常生活中，就是习惯以"自我"为中心，不善与人交流沟通，缺乏对他人的理解尊重，更缺乏与人团结协作的意识和能力。

4. 社会不良现象的冲击

我国社会正处于新旧两种经济体制的更迭时期，人们的生活方式、思想观念都发生了急剧的变化，社会上存在的诸如坑蒙拐骗、假冒伪劣、权钱交易、贪污腐败等种种失信失德现象，以及金钱万能、权力至

上等不健康思想，在有形无形中腐蚀着学生的心灵，影响着他们对人与人关系的认识，以致造成在同他人交往时容易产生戒心而不是信任，容易怀疑而不是尊重。

三、培养学生团队合作精神的方法

团队精神代表了一系列鼓励倾听、积极回应他人观点、对他人提供支持并尊重他人兴趣和成就的价值观念。面对任务时，是选择凭个人力量单打独斗去应付还是选择团结他人共同协作发挥团队的力量去完成，这不仅是一种方式选择，也是个人的学习品质和生活态度的反映。为适应时代对人才素质的要求，班主任必须把培养学生的团队精神放在重要地位。

1. 加强道德教育，培养学生的团队意识

班主任要帮助学生树立明确的团队意识和信念，引导他们形成共同的目标，形成相互依赖、相互影响、相互关心、共同进步的团体氛围；让学生明白，合作意识和合作能力是现代意识的一个重要标志，学会合作、善于合作是走向成功实现共赢的唯一通途。

班主任要加强道德教育，让学生明白：诚实守信是我国公民应遵守的基本道德规范，是与人合作的重要前提，要想赢得别人的信任，就要诚实、正直、不欺骗、不夸大，要愿意与人分享信息。

2. 营造良好氛围，增强学生的团队情感

班级团队精神是通过良好的精神面貌和良好的班级氛围表现出来的，而良好的精神面貌和班级氛围又能进一步加强班级的团队精神。具有团队精神的班集体必然有着优良的学风和班风，使置身于其中的每一个学生都感到无形的力量和高尚精神的存在，直接影响学生学习习惯的形成，更重要的是影响学生对人生的态度和对价值的取向。

因此，班主任要做好班级常规管理工作，营造团结、互爱、奋发向上的学习氛围，鼓励学生在日常生活中互相关心、互相帮助，逐步培养和强化学生对团队精神的理解，增强学生对团队的情感依赖。

3. 开展班团活动，训练学生的合作能力

与人合作的能力必须通过实践得以锻炼，并最终运用于实践。班主任可以通过组织各种有利于增强集体凝聚力、培养学生团队精神的集体活动训练学生的合作能力。如组织特色体育活动、趣味游戏活动、小组辩论赛、社会调查等。

活动的形式可以是多样的，而设计安排则应该有所讲究，比如活动目标的达到须依赖于分工合作、组织协调，使学生能在活动中体验竞争与合作、个人和团队的关系，进而加强同学之间的思想沟通、智慧交流、优势互补，最终实现竞争的"双赢"或"多赢"。

第四节 关照弱势群体的生活

关心弱势的能力，即在物质帮扶的基础上学会精神关怀。责任感和义务感是一个现代人应该具备的重要品质，是现代人和现代社会发展的必要条件和重要动力，学会关心就是学会用心灵去理解、感受他人的处境、心理和需要。

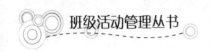

一、对弱势群体生活关注中存在的问题

1. 从教师角度看，对贫困生的关注有失狭隘

我国的教育中，有一个长期形成的短板，那就是缺乏对学生的心理健康教育。一般来说，教育在对处于弱势地位的学生进行关注时，往往是在学习和生活上给予照顾，更多的是通过减免学杂费、发放贫困补助或提供勤工俭学的岗位等方式进行物质帮扶。我们很少意识到，除了物质帮扶，他们更期待精神上的关怀。因此，教师对贫困生关注的狭隘性也造成了帮扶方式上的失当。

因为只关注贫困生的物质需要，而忽视学生的精神需求，以致在物质帮扶时，因方式的不妥当，有意无意地挫伤了学生的心理。譬如学校在减免学杂费或发放贫困补助时，都要采取严格的申请、审查等程序，甚至上墙公示，原因一方面是因为贫困生太多，只能在其中选择一部分品学兼优且家庭特别困难的学生予以资助，另一方面也是为了增强工作透明度，接受大家的监督。但也正是此过程中的层层传达，使伤害在有意无意之间造成。

2. 从学生角度看，大多数学生不懂得怎样同情、关心弱者

在这种情况下，学生在关注弱势群体的时候，会偶然性或习惯性做出影响其心理健康和人格发展的言行。现实生活中，贫困生往往会被同伴有意无意地孤立与歧视、侮辱与贬低、忽视与冷漠，而脱离群体的交流障碍必然使贫困生的弱势心理进入恶性循环。

产生这种现象的原因主要有：（1）父母只求给予、不求索取的爱。现在的中小学生都是家长的掌上明珠，父母习惯将自己所有的爱都投注在孩子身上，却不对孩子有任何的要求。殊不知这种"只求给予、不求索取"的爱并不真正有利于孩子的健康发展，反而使孩子形成了错

误的认知，认为接受别人的爱是理所当然的，而自己不必对他人付出爱，也就根本不知道怎样关心他人。（2）教育方式的不当。我们的基础教育似乎非常关注学生同情心的培养，但是回顾我们自己受教育的历程，我们就可以发现，这种教育往往只注重口头规则的传授，忽视对实际良好行为的培养。因此，尽管一些学生在思想上、口头上都知道应该同情、关心、帮助他人，但在实际生活中他们的这种行为却少之又少。（3）不良社会风气的影响。在现实社会中，伴随着经济的发展和竞争的加剧，人与人之间的关系变得越来越冷漠，同情、关心他人已经不再"时髦"，缺乏辨别能力的中小学生也深受影响，变得自私、冷漠，缺乏同情心，更不懂得怎样关心、帮助他人。

3. 从贫困生角度看，他们最大的问题不是经济弱势，而是精神弱势

经济贫困生或来自农村（特别是一些偏远山区），或来自城市下岗家庭、突遭变故的家庭、单亲家庭，对他们来说家庭生活本已十分艰难，父母还要为他们凑学杂费、生活费，他们内心深感歉疚，觉得对不起家人，贫困给他们带来了极大的心理压力。

物质资助虽然在一定程度上缓解了外在有形的经济压力，却并没能改变他们内心深处与日俱增的焦虑、自卑与无形的心理压力。现实生活中，有些学生把贫困当成无能、丢人和耻辱的事，宁可放弃受资助的机会，也不愿承认自己的贫困；有些因天灾人祸突然致贫的学生在不得已的情况下初次提出困难申请时，往往都是遮遮掩掩，不同程度地在抗拒师生善意的同情与帮助；而那些长期领取困难补助的学生，则普遍存在着自卑、焦虑、精神压抑等不良心理反应。

久而久之，难以排遣的压抑也加剧了人格与心理健康的负性改变，面对内心的渴望与自身的困窘，别人的援助和尊严的捍卫，他们往往会表现为过度自尊或极度自卑。

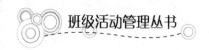

二、全面而正确地关照弱势群体的生活

通过以上的分析，我们发现，对弱势群体的关照，不仅要从外在的、物质的层面进行关照关注，还必须同时在内在的、精神层面上给予弱势群体以关注；甚至可以说，对后者的关注较前者更为重要。

1. 充分认识贫困生的心理问题

联合国卫生组织认为："健康，不但是没有身体的缺陷和疾病，还要有完整的生理、心理和社会适应能力。"我国当前的素质教育目标的实现，是以学生的健康尤其是心理健康为前提的，因此，班主任应该认识到：贫困现象不仅仅是部分学生上学有困难的问题，而且还涉及更深层次的心理、精神上的贫瘠。

具体说来，贫困生有两种，物质贫困者和精神贫困者，有时两者交织在一起，所以对贫困生的关注不能仅满足于"补助"、"给予"等表面工作，应该给予更多的精神关怀。当然，班主任还应分辨关爱与溺爱、关爱与恩赐的区别，以便创造教育平等的机会，保证贫困学生在教育教学活动中能够得到平等对待，个性发展得到肯定和张扬。

2. 营造平等、和谐的班级氛围

心理学家威廉·杰姆士说过，"在人的所有情绪中，最强烈的莫过于渴望被人尊重。"贫困生与其他学生一样，既有生存的渴求，也有发展的愿望，他们有权选择"有尊严地生存"。关心贫困生，保护好他们的自尊是教育成功的重要标尺。

班主任应把精神关怀与尊重人的自由、尊严以及价值有机地联系起来，努力营造民主、接纳、友善的班级氛围，教育倡导其他学生要真正理解、尊重和关心贫困生，真正和他们走到一起，让贫困生在情感融洽、心理认同、相互信任的境界中感受"自己是集体的不可缺少的一

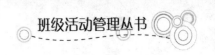

分子"。

营造平等、和谐的班级氛围的前提是让所有学生学会关心弱者，敢于和善于扶助弱者。通过正面教育，让学生认识到，人与人之间的关系建立在彼此关心、彼此帮助的互动基础上，我们在接受他人关心和帮助的同时，也要以适当的方式付出爱心，只有这样才能建立和维持彼此间的良好关系。

班主任要有意识地引导和教育学生去感受他人的情绪情感状态，并以此来唤起学生类似的生活经验，从而激励他们表现出关心、爱护、帮助他人的实际行为。在日常教育教学工作中，班主任应该抓住机会，对学生关心、同情弱者的良好行为进行强化，以不经意的鼓励培养学生关心他人的品质。

3. 加强理想信念教育

班主任应加强贫困生的思想道德教育，对他们进行专门的世界观、人生观、价值观教育，特别是艰苦奋斗、自强自立教育，激励他们树立远大理想与奋斗目标，积极面对生活。可邀请克服贫困、自强自立的学生典型现身说法，激励陷入心理贫困的学生走出困境，形成坚忍的意志品质和完整的人格。

平时多组织开展一些服务校园及回报社会的实践活动，一方面使贫困生通过劳动获得报酬，从而达到既解决实际困难、又实现自我教育的目的，另一方面也培养学生的感恩之心，学会关爱他人、回报社会。

4. 注重开展咨询活动

贫困生在心理上不同程度地表现出理想淡漠、消极厌世、内向脆弱、抑郁焦虑等心理问题，班主任应建立心理档案，加强心理健康教育。贫困生入校时，班主任就应深入到学生中，对贫困学生的经济情况、困难程度、心理状态——摸底，深入调研，掌握困难学生的真实情况和第一手材料，建立心理档案。

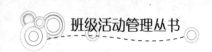

日常教育工作中，班主任可采用心理咨询的方式帮助和引导贫困生摆脱世俗观念的羁绊，从心理上脱贫。心理咨询主要是借助语言、文字给咨询对象以启发和教育的过程，即教育者让学生诉说自己的烦恼、痛苦、疑惧，使学生在得到情感宣泄和净化的同时，教师因势利导，促进学生找到解决心理问题的有效办法。

5. 激发弱势群体学生的内驱力

班集体建设中，班主任是进行精神关怀的主要承担者，因此班主任要学会精神关怀，让教育的智慧与艺术贯穿于日常工作的每一个细节。

关心与被关心、爱与被爱是人的最基本的心理需求，在充满爱和关怀的环境中，人能够产生一种安全感，心情愉悦，身心放松；而在缺乏关爱时，人往往会变得自私、孤僻、偏激，严重时可导致心理疾病的产生。班主任对于贫困学生要给予特别的关爱，即更多地通过生动的直接接触，表现出亲近感、认同感、自豪感，要用自己的心灵去关爱学生的方方面面，多对学生进行激励性、预付性的评价，帮助学生树立自信。

对自我的发现水平、对潜力的挖掘程度将直接影响学生今后的发展和生活质量，贫困生也一样。班主任应该走近贫困生，为他们创设尽可能多的表现机会，并在不同场合认可、赞扬他们的优点及对集体的作用，以激发他们的潜能，形成进取的内驱力。

第八章
做好班集体建设评价

　　在班集体的建设过程中，评价发挥着导向、诊断和激励等方面的功能，没有先进的评价思想，缺乏科学的评价机制，班集体建设如同在茫茫大海中漂泊一样，找不到方向，定不准位置。

　　班集体建设评价是一个正在探索、正在建构中的课题，况且与教学评价不同，它更多带有"校本"的特征，因此，不要奢望有"放之四海而皆准"的范式可以搬用，每一个班主任都应该是班集体建设评价的学习探索者、实践设计者、行动反思者。

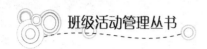

第一节　教育评价的定位

教育评价实质上是一种价值判断，与事实判断不同，它是以探讨客体的社会意义与主体的认识（价值与事实判断）、情感（对价值的态度体验）、意志（对价值的自觉保证）等诸种形式的综合来反映客体的本质属性与主体的利益和需要的关系。

由于评价者是社会中的一员，他们即时的价值观念、历史上的印象、情感上的好恶、受舆论的迁移和干扰、心理错觉、思维方法的偏激、发表看法时的心境以及身体原因等，必然会在评价过程中反映出来，使评价常带有主观性和随意性。因此，要让班集体建设评价发挥正向功能，尽量克服主观随意性，就必须理清指导思想，建构评价机制。

事实上，目前班集体建设中所遭遇的种种困境，诸如班级促进学生发展的功能发挥严重缺损、教师从事班主任工作的积极性严重受挫、班主任促进自身专业发展的意识十分匮乏等，很大程度上都源于评价的不当。

有些学校管理者和班主任在进行班集体评价的时候，总是草率编制评价方案，盲目推进评价实施，匆忙处理评价信息，机械认定评价结果，还美其名曰"填补空白"、"行动研究"、"摸着石头过河"，殊不知，隐藏于方案、过程、信息、结果之后的评价指导思想才能决定评价的方向和成效，错误或有偏差的指导思想往往会使过程、结果与设想南辕北辙。因此，我们应该学会掩卷反思，学会体验追问，学会深挖根源，使内涵的但又是最关键的评价指导思想凸显、明晰起来。

班集体建设评价是什么？是工具，是手段，是策略，而非目的，这是首先必须理清的定位。工具服务于目的，工具不能异化为目的，工具不能凌驾于目的之上。一旦评价异化为目的或是凌驾于目的之上，就会为评而评，就会扮演班集体建设的"无情杀手"，原本应着力追求的目的就会成为评价任意践蹋的"奴隶"。

班集体建设评价为什么？一为推动和谐集体建设，二为促进学生素质提高，三为引导班主任专业发展，不是为了鉴别和选拔，不是为了排名次、树标兵，不是为了体现管理创新或是做"政绩工程"，更不是为了"挑动群众斗群众"以减轻管理压力。

面对班集体建设评价的定位不当和指导思想的偏差，我们应在评价方案设计、评价过程推进、评价结果处理等环节中，积极倡导并努力体现以下一些评价理念。

一、坚守教育的真谛

教育是一项涉及精神领域和价值世界的活动，其培养人的特性，要求我们要像保护自己的眼睛一样呵护教育的品质。当今社会，人们的思想观念里较多地注入了功利的成分，使得人们的各种行为也被染上了功利的色彩。

在这样的背景下，教育也被世俗的蔓藤缠绕，它应有的价值与光辉正受到不同程度的侵蚀与污染。有识之士呼吁，还教育一片晴空，给教育一方净土，让教育挺拔起坚硬的脊梁，去传承绵延的人类文明。只有让教育摆脱世俗与功利的羁绊，注入思想与文化，才能提升其内涵与品质，使之承受起光荣而神圣的使命。

过于注重外在的、物化指标的测评，过于强调整齐划一的规训形成，过于拉近所谓结果与荣誉、待遇的关系，是现行班集体建设评价中存在的"通病"。这样做引发的后果往往是，刻意追求考量结果，弄虚作假大行其道，不求有功但求无过，班主任、学生的内心是否敞亮，灵魂能否提升却无人顾及。这种评价异化、毒化了教育的品质。因此，班

集体建设评价应是一个坚守教育真谛、洋溢人性光辉、体现真善美的过程。

二、凸显发展的主题

班集体建设的存在意义何在？不少人可能没想过这个问题，也有人可能直观地认为，班级是现行教学的一种基本组织形式，既然存在，当然要加强建设。缺乏对班集体建设意义的深度认识，就会把班集体建设引入歧途。

我们当然可以对班集体的功能做多种诠释，但从根本意义上说，班集体是为发展服务的，发展是班集体建设的核心命题和第一要务。

现在的很多评价并没有把发展作为主题，在对班级的评价中，只是强调规训、服从，只是强调卫生、安全等边缘性、派生性目标的达成，似乎一个班级只要做好安全、卫生，只要服从调度，不出大事，就是一个好班级了，至于这个班级是否有和谐氛围，是否有共同目标，是否发挥育人功能，并未予以关注。

在对学生的评价中，只是针对执行纪律，只是针对知识掌握，只是针对少数学生，很少顾及所有学生的全面发展，很少顾及学生知识以外的能力、态度、情感、价值观等的综合发展，很少顾及学生的主动发展。

在对班主任的评价中，只是关注班主任是否完成任务，是否勤于到班，是否能管住学生不出事；至于班主任是怎么工作的，他们的心理状况如何，能否获得专业发展，则不予顾虑。这样的评价，规避了发展的主题，抓了枝节，忽略了主干，实际上成了班集体建设的"杀手"和"元凶"。

因此，方案编制、过程实施、结果处理等评价环节，要凸显发展主题，把评价过程变成一个促进班级发展、学生发展、班主任发展的过程。

优秀班集体的建设与维护

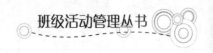

三、把握评价的定位

为教育而评估，是实施班集体建设评价必须要确立的一个观念。跃升于目的之上的评价，会被异化成束缚班集体建设的枷锁，为教育的评估会逐渐被演变为"为评估的教育"。

一旦学校、班主任关于目的和手段的观念倒置，评价就会成为一种"强权政治"，一种可怕的"控制力量"，一种为班级、学生、班主任划分优劣等级的"标尺"，班级、学生、班主任的自主性就荡然无存，教育品质就无从提升，发展的目的则会被放逐。因此，作为改进班集体建设评价的指导思想和重要策略，评价是手段的定位，是毋庸置疑和必须确立的。

因此，我们必须经常追问这样几个问题：评价是在为评而评，还是在以评促建？评价是在创生优良的集体，"创造适合于儿童的教育"，引导班主任的专业发展，还是"创造适合于教育的儿童"，摧残班主任的专业追求？我们必须重视对评价的再评价。

四、解放班主任

许多教师宁愿多上些课，也不肯当班主任，这使不少学校领导头痛。如果仔细观察、分析目前班主任工作的状况，就会发现，教师们不愿当班主任，并不一定是怕累——对于一个有事业心的人来说，只要有兴趣、有价值，工作再累也不会觉得苦。问题在于，由于学校领导在管理使用与评价等方面的不甚科学，加之班主任自身工作方法的陈旧落后，造成了目前不少班主任的低效劳动甚至是无效劳动，使班主任们累得冤枉。

现在的普遍情况是，班主任工作"严重超载"：既要管学生，又要管家长，还要管任课教师；既要管学生校内纪律，又要管学生校外表

第八章 做好班集体建设评价

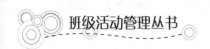

现，还要管学生家庭教育；除了班级纪律管理、思想教育，还要具体督促检查甚至辅导学生各学科学习……真所谓"班主任工作是个筐，什么内容都要往里装！"

班主任的责任似乎无限大，因为他什么都要管而且必须管好；同时，班主任的权力似乎又无限小，因为无论是谁都可随时给班主任下达任务，班主任是一个忙忙碌碌的办事员。如此穷于应付，疲于奔命，班主任哪有精力去"塑造灵魂"？因此，必须从理念和行动上倡导"解放班主任"。

第二节　对班集体的评价

在对班集体的评价中，我们经常见到这样的现象：两个在整体上差异极小的班级，在评价中却得到非常悬殊的分数；甚至是在人们直观印象里的好班级不能得到高分，而印象里比较差的班级却在评价中位列前茅。

造成这种结果，很多人会说是由于评价方案编制不合理的缘故，导致不能把好班级评比出来并且评价过程缺乏民主、评价策略使用不当。这话当然不无道理，但看问题不能只看表面，评价模式的选择有误才是深层次的原因。在现在的评价方法中，量化考核是被人们诟病最多的一种方法。

一、量化考核被过度使用

所谓量化考核，就是把工作的所有具体操作，包括过程与结果，分成若干个组成这项工作的段和点，并将这些段和点做一定的数量要求，然后用这些数量要求进行比较、审定、衡量已完成的工作，从而对工作完成情况做出终结性评价。

量化考核具有目标明确、标准清晰、易于操作、客观性强等优势和特点，在生产、贸易等许多领域，已成为主要的评价方法被广泛使用，成效显著。在教育领域，在班级评价中，量化考核可以使用，但不能迷信，不能唯一，不能成为定式，须慎重把握。

教育作为一项面向未来的提升人的精神内涵、纯化社会发展品味的活动，有许多深层次的品质是无法用数字、程序来量化和测试的，具体到班级评价，诸如班级精神、人际关系、学生可持续发展、特色个性等，都需要用综合的方法才能评定。如果一味采用量化考核的方法，那么一些最值得追求的核心发展指标，就有可能招致两种命运，要么因其无法量化而被放逐，要么被肆意解析为物化形态而流于粗俗和疏浅，最后导致评价的低效、无效甚至负效。

事实上，现在的班级量化考核已到了难以遏制的泛滥程度，整体的班级评价呈现出这样几种倾向：重视共性，忽略个性；重视结果，忽略过程；重视数量，忽略质量。

二、错误评价导向的后果

扭曲的评价直接导致了这样几种结果：

1. 育人行为异化。为了获得好的评价，赢得分数成为许多班主任教育学生的正当理由，班主任的教育由原来对事业的追求、对学生的责任心等内在兴趣所推动，逐渐被为赢得分数所取代。为了免于学校扣分，有的班主任充当"两面人"，与违纪生一起寻找借口，欺骗学校，蒙蔽过关。

2. 教育过程简单，方法单一，只注重外在指标考核，忽视内在道德体验。手段冰冷，只注重扣分、处罚，忽视情感上的人文关照。过程程序化，只注重检查、统计、处置，把复杂管理简化为数字管理，抹杀

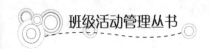

了管理者的教育智慧。

3. 评价结果不公。往往只关注"鸡毛蒜皮"的小事，人情分盛行，考核结果与班级实际严重不符。

三、重新构建班级评价模式

面对班级量化考核中出现的种种弊端，许多学校可能会"头痛医头，脚痛医脚"，就事论事，在量化指标、权重设置、评比程序等方面"修修补补"，这在一定程度上固然可以改变评价的成效，但要彻底解决问题，就需跳出量化考核的范围，深谋远虑，从根本上建构班级评价的方略。

1. 调整思维模式

千百年的时间积淀，国人形成了直观理性的思维方式。这种思维方式重视社会整体和群体需要的价值观，重视物质化的教育目标的追求，任何精神形态的目标和内容都要用看得见、摸得着的物化指标来体现。这就使得非直观的精神层面的个性和内涵，要么遭到被放逐的命运，要么被肆意解析为物化形态而流于粗俗和疏浅。

教育的品质和目的更多体现在理想层面和价值世界，试图用看得见、摸得着的物化、量化指标来解析教育，只能违背教育的要义，并置教育于尴尬处境。翻看一下时下的班级评价方案，这种直观理性思维的羁绊处处清晰可见。如学生的创新能力用获奖和发表作品数来评定，班级的凝聚力用所获荣誉来解析，等等。

调整思维方式，一要有敬畏意识。敬畏教育的要义，敬畏人的心灵，敬畏科学的规律，对非直观的精神层面的个性和内涵，不贸然解读，不轻易拆分。二要有追问意识。形成方案、实施评价时，经常用逆向思维的方式追问：如此操作合理性多大？漏洞何在？有无更好的方案？三要有反思意识。敢于剖析自己、否定自己、超越自己。

2. 改变量化思路

长期以来，大多数学校对班级实施的管理评价，执行的是传统的"扣分制"。设置评比项目，每个项目限定总分，逐项检查评比时，往往对做得好的视而不见，瞪大眼睛甚至用"显微镜"、"捕捉"种种不足，不是找"采分点"，而是找"扣分点"，有时为了拉开差距，"鸡蛋里挑骨头"、"吹毛求疵"，不惜把原本"枝节"的甚至"隐私"的东西也展示出来，其结果往往是：班级参与评比的积极性下降，代之以漠然、厌恶或恐惧；每个班级往往都是"失败者"，信心受挫，尊严受损；班主任和学生想方设法"补短"而非"扬长"，潜能受到压制。

教育是激活、是唤醒，而非"压制"和"冰冻"，教育重在塑造，而非改造。评价要建立在相信班主任和学生潜能的基础上，给他们信心和成功的体验，不能把他们变成一个个失败者。变"扣分制"为"加分制"，能有效改变传统方法的弊端，使量化考核走进一片新天地。

3. 定量定性结合

在20世纪60年代之前，人们一度十分重视量化评价，认为只有量化分析才是科学。在这之后，随着社会批判思潮的兴起，人们认识到评价不是一个单纯技术问题，纯粹价值中立的描述是不存在的，因此，评价要对被评价对象的价值或特点做出判断，价值问题由此在评价领域凸显出来，人们评价的重点转向了价值观。20世纪70年代以后，"量化评价"逐步为"质性评价"所取代，质性评价也被称为第四代评价（测验和测量时期、描述时期、判断时期、建构时期）。

四、正在建构中的第四代评价方法

第四代评价理念和方法认为，过去的三代评价存在"管理主义倾向明显"、"忽视价值的多元性"、"过分依赖科学范式"的弊端，并旗

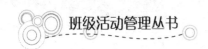

帜鲜明地突出了评价中的价值问题，从而突破了评价领域中长期以来所寻求的"客观性"、"科学性"迷雾，使评价的理念发生了质的飞跃。

在过去的一个世纪中，大多数评价专家所追求的是评价在过程、手段以及结果上的客观科学化，这在某一个方面是有其积极意义的，但把它强调到极端，就会导致忽略评价的价值特性，造成评价中的不合理现象，以致人们对评价失去信心。

第四代评价意识到了这一缺陷，于是重新回到起点，首先探讨"评价是什么"，在确认评价的价值本质的基础上，再来探讨评价的方法、过程和结果。这从深层次促进了评价理论的发展。在此基础上，它所倡导的"协商"式的"共同心理建构"，实质上是尊重每一个个体的主体性，并在此前提下寻求共识的达成，这反映着一种深刻的民主意识。

第四代评价的基本特点是：把评价视为评价者和被评价者"协商"进行的共同心理建构过程；评价是受"多元主义"价值观所支配的；评价是一种民主协商、主体参与的过程，而非评价者对被评价者的控制过程；评价的基本方法是质性研究方法。

在具体方法上，第四代评价更强调在自然环境中，用质性研究方法，使各方人士通过各种形式的对话达成共识。在此特别要指出的是，第四代评价突出过去作为被评价者在评价过程中的参与者身份，从而使得评价中出现了被评价者的声音。评价者在协商过程中没有特权，不应采取任何控制他人的态度，而应该是一个中介人、一个条件提供者、创造者。协商达成的共识，首先是有关各方的共识，评价者只是其中的一个方面。

评价过程往往履行这样的程序：第一步，在评价开始时，各有关方面订立协议，明确各方的权利与义务；第二步，做好深入现场、获得信息的安排；第三步，确定优先协商的问题；第四步，协商；第五步，形成报告。

当然，正如它的倡导者所说，"第四代评价也只是一种建构"，它本身并不完全排斥其他的评价模式，而应该视具体的评价任务，与其他的评价模式相互补充。而且，它正处于倡导和建构阶段，较早应用在课程评价领域，在班级评价领域的应用，还没有全面推开。但不管如何，这种评价思想正为越来越多的人所接受，且在评价实践中得到大力推广。我们应该积极酝酿，稳步实施，探索量化考核和质性评价有机结合的新型班级评价模式。

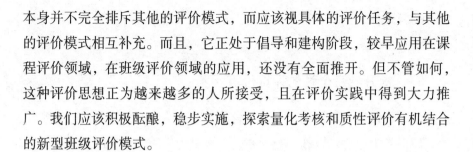

第三节　对学生的评价

　　传统的学生评价，在指导思想上，过于注重社会价值和集体舆论，过于强调集体意志和大一统思想，片面要求学生守纪、听话，忽略学生需求和个性特点；在评价内容上，过于注重成绩、常规和外在的行为评价，对学生深层次的心理问题很少关注；在评价方法上，过于偏重制度规约、自上而下、整齐划一，缺乏个性化的评价方法；从评价效果上看，这种评价往往把学生变成被封闭环境和严密制度束缚的"套中人"，变成"只读考试书，不问窗外事"的"考试机器"，变成行动上邯郸学步、言语上鹦鹉学舌、思想上萧规曹随的"标准元件"。

　　从人的本质特性来说，人都是"这一个"，具有独特性、多样性、差异性和不可复制的特点，如果出现"千人一面"、"一个声音说话"的现象，那肯定是人的本性受到钳制、产生异化、导致萎缩的表现；从社会发展特征来说，人的个性张扬和"不拘一格"发展，才能构成正常的社会形态，促进社会持续、和谐地创新发展。

　　要改变学生中普遍存在的人格自甘平庸、思维趋于求同、行为缺乏创新的种种问题，我们所实施的对学生的评价，必须突破传统，改变思

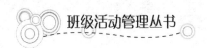

路，另辟蹊径，不拘一格，在方略上进行重大调整。

一、提升独特个性的评价价值

教育是创造人的活动，人是教育的核心因素。我们过去的教育和评价，以课堂为中心，以教师为中心，以教材为中心，以考试为手段，以考分定终身，学生常常被当作一个共同性多于差异性的"类"，其年龄特征成了不少教师实施划一灌输、抗拒个性教育的"盾牌"。学生是没有充分地位的，学生的独特个性在评价中是没有价值的。

从某种意义上说，这是一种缺乏人性、更没有个性的教育，它不可能调动学生的主观能动性，不可能释放学生的创造精神，自然也谈不上个性张扬和多种类型人才的培养。因此，改变对学生的评价，首先必须以人为本，从提升学生个性的评价价值做起。

如同世上找不到完全相同的两片树叶一样，每个儿童也具有独特性。它首先表现为人的生命意义不可替代：每个儿童作为一个生命体、一种独立的客观存在，是不可或缺的丰富生命的一分子，作为自然和社会的"这一个"，从法律意义和人文意义上说，其独特性是神圣不可冒犯的，是不可复制的。

其次，表现为人的个性内在的不同构成：个性是一个人基本的精神面貌，是一个人各种身心特点动态化的不同组合，人的存在价值在于张扬个性，人之所患不在于没缺点，而在于没有个性或个性受到压抑。

再次，表现为人与人之间的差异性：由于遗传和环境的共同作用，儿童之间存在差异性的发展，这种发展是不完备的（这正是希望所在）、非同步的（发展速率不可能同步走）、多向度的（发展方向具有众多的可能性）、非静止的（一直处于动态的发展之中）、不确定的（多因素、多变数的影响使得发展无法预定与精确）、自组织的（一旦发展开始，对每个个体来说，就将循自适应、自学习之迹逐步达到自我完善的内在目的性）、不可逆转的（发展不可能回到起点，重新来过）、不等值的（个体发展的社会价值和主体价值是不等同的）。

提升学生个性的评价价值，就要善于发现学生的个性特点，尊重学生的个性需要，促进学生的个性发展，把个性作为教育和评价的起点，把个性贯穿教育和评价的全程，把个性作为教育和评价的归宿。

二、创设张扬个性的评价环境

法国一位著名的教育家说过："只有环境和教育，才能把牛顿变成科学家，把荷马变成诗人，把拉斐尔变成画家。"美国创造学家史密斯主张在培养创造性的个性中，"教育者的第一个作用就是设定开发创造性的条件，创造性所需要的生理、心理、社会及知识环境"。可见，实施个性化的教育和评价，必须着力创设能让个性张扬的评价环境。

学校和班级应该成为一个"诗意的栖居"，弥漫着"无拘无束的空气"，能让学生"自由地呼吸"、"自主地发展"。前苏联心理学家卡普捷列夫说："自主性之所以重要，首先不是因为它在生活中有用，而是因为它符合创造性的自我发展。离开自主性，就不能获得发展。"让每一个孩子的独特个性都能在这种民主、自由、平等、和谐的氛围中找到生长的土壤、水分和养料。

允许、鼓励和引导孩子们张扬个性，就要改变我们的教育观念、教学内容和教学方法。我们就不能把学校课程的功能定位于仅仅是传授统一的共同的知识，而要重视学生创新精神和实践能力的培养，重视每一个不同的学生的个性差异，尊重他们的个性，发展他们的个性。教学内容和教学方法也都要随着课程功能的转变而转变。

三、制订和实施学生个性化评价方案

"三好生"评选制度是我国评价学生的一项主要制度，历经几十年，历史上发挥过重要作用，但其弊端也日渐呈现：一是名额有限，面

第八章 做好班集体建设评价

向少数，计划色彩浓烈，大多数学生难以享受"阳光照耀"；二是标准全面，均衡要求，容易使学生发展类型趋同，不适应学生个性发展要求和社会各类人才培养；三是因为加分等因素出现，过于功利，人情掺杂，评选过程和结果难保公正。因此，不少人对这项制度提出了质疑，甚至提出废止建议。

浙江省桐乡市矛盾实验小学根据多元智能理论和新课程评价要求，确立了系统多元智能评价体系，主要类型有分项星级评价、自选难度评价、自选强项评价、成长评价、展览展示评价、描述性评价、免试制度和重试制度等七种，有效实施了个性化评价方案，有效促进了学生的个性化发展。

湖北省宜昌市大公桥小学自 2005 年起，改革沿袭多年的期末"三好学生"评比制度，启用一系列个性化评价的手段，让学生在评价中成长，使整个评价过程成为一个教育的过程。他们设定了"小天使"、"丹顶鹤"、"小青蛙"、"中华鲟"、"雄鹰"等评比项目，分别在做人品德、文化学习、进步幅度、身体强健、特长发展等方面确定了评价标准。

在评价程序上，采用学期初明确奖项及标准，学期中检查与督促，学期结束时学生根据自身特点自主申报、在班级陈述理由，班主任组织同学进行评议，确定方案上报奖励的程序，使每个学生都能根据自身特点确立发展目标，寻求发展路径，促进个性成长。

我们认为，不管是保留还是废止，"三好生"评选制度都不应作为评价学生的一项唯一或是主要的制度，评选标准的层次性、学生个性的独特性、人才规格的多样性等，都要求我们着力探索，从各自学校和班级的实际出发，制订和实施学生个性化评价方案。

第四节　对班主任的评价

曾有教育家说过："当班主任是做教师的光荣所在、幸福所在。"可现实的情况却是，班主任成了大家争相"谦让"的角色，即便"光荣就任"，也往往或难拂领导厚望，或不幸"轮到我家"，或职评指标约束，心中透着莫名的无奈；更有甚者，有些教师一旦跳离"苦海"，就发誓再也不跨进"同一条河流"。

为什么现在越来越多的教师视班主任为畏途，越来越多的班主任不仅没有体会到工作的乐趣和职业的价值，反而倍感苦恼和酸楚呢？最主要的原因在于我们还缺乏班主任专业化的视野，还没有把班主任工作看成是一个专业性很强的工作，对班主任的评价也就完全走向了歧途。

评价班主任以及班主任的工作，应从专业化的视角出发，从促进班主任的专业发展出发，相对于学科教师发展而言，班主任的专业发展更需要校本培训的支持。在一个学校成长起来的优秀教师，换了一个学校，可能仍然是一个优秀的教师（许多事实证明了这一点）；但是一个优秀的班主任换了一个学校，却未必能成为一个好班主任。道理很简单：每个学校校情、校风不一样，班情、班风不一样，专业发展的土壤不一样，所形成的"个别化理论"不一样。

说到班主任的评价和校本培训，人们往往习惯性地想起发教材、做报告、搞活动、办培训班等。其实，倡导一种追求，孕育一种氛围，创设一种机制，给予一份宽容，有所为有所不为，都不失为有效的策略。许多学校进行了卓有成效的探索，推出了许多宝贵的经验，这里介绍以下四点。

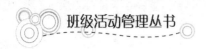

一、设定价值，引领专业追求

为什么而做班主任？这是一个价值命题。放眼实践，不少学校和班主任在这个问题上有着诸多的误区：或只要求管住学生不出事；或一味追求提高升学率；或仅为物质利益；或只为名声所累；或为职称评聘制约；或难为领导指派。

自然，上述因素成为班主任价值的一部分，也无可厚非，班主任是人不是神，也食"人间烟火"，我们不能奢望班主任在"真空"状态下"苦练修行"、"无私奉献"。问题是名利和人际因素决不应成为主要甚至全部的价值追求。因为，一旦这些因素成为班主任主要甚至全部的价值追求，班主任工作就会陷入盲目的境地，班主任专业化永远只能是一个"遥远的梦"。

班主任工作的本真价值究竟何在？在于促进学生发展和班级发展。这一点，无需多说，因为学生发展和班级发展是班主任工作的出发点和归宿，也是衡量班主任工作品质的依据和标尺。

但如果班主任工作的价值仅仅设定于这一点，又是不完整的，因为它只是班主任工作的社会价值或是利他价值，局限于这一价值，班主任工作就会成为一种异己的、非自我的工作，就会成为只有奉献和付出、没有索取和享受的"苦役"，就会成为一个人人可为而无需专业人士担纲的"差事"。

事实上，蜡烛在照亮别人的同时，也辉煌地实现了自己，班主任的工作，既创造社会价值，又创造主体价值，两者是相辅相成的。主体价值依赖心理需要的体验而实现，诸如：满足、充实、幸福、被尊重、潜能释放、自我实现等。主体价值也是分层次的，物质待遇的需要是最基本的，因此也是最初级层次的，班主任的主体价值如果依存于这一层，就会局限于功利性，也会因为这种功利性而不甘心、不平衡，甚至怨天尤人、以质论价，这不是我们倡导的主体价值。

被尊重和被热爱的需要是较高层次的，班主任的主体价值如果依存这一层次，他会以不求利但求名的态度对待工作，一旦功名难遂心愿，也会失落、彷徨，这是一种不稳定的主体价值。

需要的最高层次是自我实现，班主任的主体价值如果依存于这一层次，他就会自觉自愿地尽职尽责，就会无怨无悔地对待学生，就会孜孜不倦地研究和改进自己的工作，就会竭尽所能地挑战自我、发展自我、展现自我，他感受到的是充实、幸福，体验到的是潜能的释放和自我的提升，这是一种最为稳定、最为硕大、最值得倡导的主体价值。

因此，班主任的评价和校本培训，应力求把班主任的社会价值和主体价值辩证统一起来，构筑起完整的价值体系；应认可班主任是一个由专业人士担纲的工作，提高班主任工作的专业信誉；应想方设法引导教师产生从事班主任工作的专业追求；应努力提升班主任的需要层次，促进班主任主体价值的不断攀升。

二、完善制度，提供专业保障

建立和完善班主任的工作制度，能为班主任的专业发展提供切实保障。特别需要注意以下两点。

1. 要高度重视和积极推行班主任的职级评定制，因为班主任职级制的评定，能使我们跃升到一个崭新的平台，从新的视角、新的高度审视和观照班主任队伍的建设工作，顺应专业化发展的潮流，能有效形成和激活班主任的自我更新机制，能促进班主任把自己和自身的工作作为反思的对象，着力于体验与提高，拾级而上的职级会给班主任提供专业信誉的保护和实现价值的满足。

2. 要努力探索卓有成效的班主任培养和工作制度。许多学校从自身实际出发，探索了诸如见习班主任制、正副班主任制、年级班主任制、班级辅导员制、首席班主任制等多种制度，成效斐然。

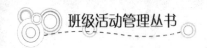

三、彰显选择，丰富专业样式

在许多学校，选择、培养、使用和评价班主任往往遵循单一的模式。在他们看来，班主任的专业发展只有一种范式，因此，他们制订一个标准，提出统一要求，"削足适履"，剥夺了班主任的选择权利，限制了班主任的发展空间，从而也葬送了班主任的发展前景。

事实上，班主任专业发展的过程，应是一个选择的过程。一个职业能不能成为专业，具有专业自主是一个必不可少的重要指标，而具有专业自主就离不开选择。班主任有着多种专业发展的样式，班主任也只有在选择、体验、反思、打造适合自身实际的专业发展范式的过程中，才能获得真正的专业发展。

就价值实现的角度而言，学生发展有成绩优良型、能力突出型、品德善良型、全面发展型等多种范式；班级发展有学习型组织、和谐型组织、自主型组织、合作型组织、开放型组织等多种范式；班主任发展有人格范导型、学科专家型、学习指导型、教育引领型、经营管理型等多种范式。

作为学校，应在倡导选择意识、建构选择机制、鼓励多样发展方面"有所为"，而在班主任根据实际进行学生发展、班级发展、自我发展的设计和经营面前，在班主任树特色、创品牌、展个性的过程中间，给予宽容，充满期待，不因暂时的看不惯而横加干涉，也不因探索过程中的曲折和失误而倍加指责。许多时候，"有所不为"才是真正的"有所为"。

四、打造平台，促进专业发展

组织对班主任的评价和校本培训，关键是要建立一个班主任专业发展的平台。现在不少学校的教师担任班主任的积极性普遍不高，在职班主任也普遍存在"做一天和尚撞一天钟"的敷衍现象，究其原因，往往在于学校只是一味使用，没有提供班主任专业发展的平台，致使教师和班主任在比较中觉得：钻研学科教学，能使自己获得专业发展，而做班主任，则是"虚度光阴"、"成本太高"、"得不偿失"、"与己无补"，难以获得专业发展。因此，学校应努力为班主任打造专业发展的平台。

1. 学习和研究的平台

如鼓励班主任进行业务进修，落实人员参加有关单位组织的心理辅导、管理技术的专题培训；申报和组织各级班主任方面的课题，组织班主任共同研究；定期组织班主任工作论文评比等。

2. 反思和体验的平台

如引导班主任制订专业发展计划；鼓励、组织班主任撰写德育案例、反思日记；引导班主任与学生换位思考、体验等。

3. 交流和共享的平台

如开展主题班会的设计、观摩和评比；召开班级管理焦点问题诊断会和经验交流会；组织新老班主任结对、联谊；编印班主任工作论文集；在学校网站上开设"班主任论坛"等。

4. 展示和提升的平台

如根据拟定标准，定期评选优秀班级和班主任，进行表彰；对特别优秀的班级，用班主任的姓名为其命名；鼓励和帮助班主任著书立说、成名成家等。